特別支援教育のための

分かって動けて学び合う 授業デザイン

監修　藤原　義博・武藏　博文
編著　香川大学教育学部附属特別支援学校

まえがき

特別支援教育の授業を デザイン する

　本校は，開校以来，「自立」を校訓として，子どもたちへの教育に取り組んできました。一人一人の子どもに合わせて，その子の自立と社会参加を確かなものとするために努力を続けてきたのです。

　自立にはいろいろな意味が考えられますが，自分を自分として認めること，自分なりに生きていくことであると，私は思います。

　自分として認めるとは，周りと協同して，役割を果たしていくことです。互いにやり取りを重ね，全体の目標を成し遂げ，仲間同士で喜び合う，その中で自分を認めることです。

　自分なりに生きていくとは，自分の思い・願いを明らかにし，選び取って決めていくことです。そのためには，助力を受けても，自分や周りのことをよく分かり，やれた・できたという実感をもつことが大切です。

　世の中は甘くない，困難ばかりだと言う人もいます。ですが，いきなり厳しい状況におくのではなく，子どもたちを社会に送り出すために，自立を高めるステップを順序立てて踏んでいくことが大事であると考えます。

　子どもたちの進路は多様で，様々な可能性があります。学校の教育は，社会と子どもたちに向かって，常に新しい授業をつくり，その在り方や方法を見直し，精選を繰り返す過程にあると思います。

　子どもたちみんなが学びに向かう授業，一人一人の違いに合わせて学べる授業，子どもが自ら学びに取り組むことをしっかりと支える授業。それを考え続けて，授業づくり・改善を進めてきました。

　本書は，この10年あまりの間，本校が取り組んできたことの集成です。子どもの思い・願いから，どのように授業を展開したのか。小学部，中学部，高等部の各学部がどのような授業をつくり，改善を試みたのか。その一端を示すことができれば幸いです。また，これまでご指導をいただいた多くの方々に，この場を借りて心よりお礼申し上げます。

香川大学教育学部附属特別支援学校創立40周年（南組設置50周年）を迎えて

2015年3月

香川大学教育学部附属特別支援学校長　　武藏　博文

特別支援教育のための
分かって動けて学び合う授業デザイン

まえがき　特別支援教育の授業をデザインする

第1章　詳説：分かって動けて学び合う授業づくりとは

第1節　分かって動けて学び合う授業づくり　　6
第2節　学びを促す個に応じた支援の在り方　　11

第2章　分かって動けて学び合う授業をデザインする

第1節　「WANTS」の表明から主体的参加をめざした授業の実現　　16
第2節　授業への「参加」を高める3つの視点：分かる・動ける・学び合う　　18
第3節　授業をデザインする3つの工夫：活動機会・支援環境・授業展開　　20
第4節　授業改善の進め方：「授業デザインの羅針盤」と「授業改善のアイデア事例集」…　22
　　　　活動機会の見直し　　26
　　　　支援環境の見直し　　30
　　　　授業展開の見直し　　40

第3章　授業改善の過程：学び合う国語・算数数学の指導

実践1　小学部　国語科「動きの言葉～やってみようチャンネル～」　　42
実践2　小学部　算数科「20より　大きいかずを　かぞえよう」　　48
実践3　中学部　国語科「経験したことを伝えよう～思い出カード作り～」　　56
実践4　中学部　数学科「長さをはかろう～『体のものさし』を使って～」　　64
実践5　中学部　数学科「およその金額で考えて買い物をしよう！～ICカードを使って～」…　72
実践6　高等部　職業国語科「面接で自己紹介をしよう」　　78
実践7　高等部　職業数学科「時間を意識しよう～ぴったりで終わろう～」　　82

第4章　授業改善の過程：協同から自立をめざす力の育成

実践 8　小学部　音楽科「楽しいリズム『ぶんぶんぶん』『手をたたきましょう』」… 90

実践 9　小学部　図画工作科「絵描き歌で描いてみよう」 ………………………… 96

実践 10　高等部　保健体育科「キンボール～レッツ オムニキン！～」 …………… 102

実践 11　小学部　日常生活の指導（チャレンジタイム・帰りの会）
　　　　「自分の力で課題や役割にレッツチャレンジ！」 ……………………… 108

実践 12　中学部　パワーアップタイム「みんなで作ろう！～もこもこケーキ～」 … 116

実践 13　高等部　ライフスキル
　　　　「ライフスキル～将来に向けてできることを増やそう～」 …………… 122

● コラム 1　ICT 機器を活用する　…………………………………………… 63

● コラム 2　「根拠に基づく教育実践」を実現するために　………………… 71

● コラム 3　インフォーマル算数と発達促進　……………………………… 88

● コラム 4　学校教育と合理的配慮　………………………………………… 107

● コラム 5　合わせた指導，学校設定教科の工夫　………………………… 115

● コラム 6　自ら取り組み，達成を喜び，肯定感を育てる　……………… 128

あとがき

執筆者一覧

第1章

詳説

分かって動けて学び合う授業づくりとは

第1節
分かって動けて学び合う授業づくり

創価大学教授　**藤原義博**

1　特別支援学校の学校力を高める

　特別支援教育においては，「長期的な視点で一貫して的確な教育的支援を行う」とある（文部科学省，2007）。特別支援学校は安全に多様で多彩な活動に取り組める場であり，同じ目標に向かって，全校で一体となって障害という特別な教育的ニーズのある児童生徒の成長を育む環境を設定することができる学びの場である。

　こうした学校環境と学びの機会を十分に活かし，学年・学部の「つながり」と「一貫性」をもって，できるだけ早くから実際的な生きる力を培うことを積み重ねることで，豊かに育まれる児童生徒の自立的・主体的な姿を見ることができる。これこそが特別支援学校のもつ「学校力」である。

　障害のある児童生徒の成長をより高め広げるという，知的障害特別支援学校の素晴らしい「学校力」を生み出すための「授業づくり」の在り方と教育的支援・指導の在り方について考えてみよう。

2　「授業づくり」の在り方

　特別支援教育の理念・目標は，生活や学習上の困難を改善又は克服するための適切な指導及び必要な支援を行い，障害のある児童生徒の自立や社会参加に向けた主体的な取組を支援することであり，一人一人の児童生徒の全人的発達を図り，その可能性を最大限に伸ばすことである（文部科学省，2005）。

　そこで，特別支援学校においては，多様・多彩な授業の目標や目的に応じて，児童生徒の自立的・主体的な集団参加を促し，授業目的・内容に興味・関心をもたせて深め，授業内容や授業展開を広げ高め，児童生徒の協同的活動力を育む，といった授業づくりを行う必要がある。そのために，障害のある児童生徒の個のニーズに応じた生活や学習上の困難を改善または克服するための教育的指導・支援の在り方と，それをもとにしたすべての教科・領域での授業におけるねらいを達成するための授業づくりの在り方を追究したものが本書の「授業デザイン」である。

　そこで，現在の取り組みがこれに応じたものとなっているか，それによって児童生徒のもてる力を高め，共生社会での自立と社会参加に向けた生きる力を育めるものとなっているか，という観点から授業づくりの在り方を見直してみよう。

3　授業づくりの見直し課題

　知的障害特別支援学校では，特別支援教育の理念・目的に基づき，個々の児童生徒の特性に応じた教育的ニーズに留意した教育的指導・支援の在り方として，子どもの興味・関心のあることや得意な面を活用し，目的が達成しやすい段階的な指導を行うことを起点に取り組まれている。特に個のニーズが高い児童生徒に対しては，個の特性に対応した目標を明確にし，教師の直接的指導・支援による個別化した学習・指導を配慮することが重視されている。

　こうした個のニーズに応じた教師による直接的な個別指導・支援によって，学びに困難のある児童生徒の授業への参加や安定感は増すだろう。しかしながら，教師からの直接的な個別指導・支援を得ることで「困らない」ことから，教師に頼る傾向を強める児童生徒も存在する。例えば，自ら始めない，手元を見ない，動かないといった「教師への依存」であり，教師に頼り切るほどより丁寧な教師による直接的な個別指導・支援を得ることができ，自ら支援を求める必要もないのである。

　さらには，こうした児童生徒が離席やパニックなどの「気になる・困った行動」を示すことがあり，それを避けるための直接的な個別指導・支援も教師は丁寧に行っている。実は，こうした「気になる・困った行動」によって，児童生徒が教師の注目や関わりを得て，自分の欲求を満たしたり，嫌なことを避けたり，感覚を楽しんでいる，といった可能性が高いことが確認されている。つまりは，教師の丁寧な直接的な個別指導・支援によって，むしろ「気になる・困った行動」を助長してしまっており，それによって教師もこうした児童生徒から離れられなくなってしまっているかもしれないのである。

　また，集団活動の授業においては，一人ずつ丁寧に時間をかけて指導をすることで，児童生徒の学習参加機会が少なくなり，待つ時間も長くなるといった実態がある。中でも，教師への依存の強い児童生徒ほど，教師が側について座らせ待たせており，他児よりも学習参加機会が少ないのも現状である。

　知的障害特別支援学校の児童生徒は，総じて仲間同士のやり取りや互いに協力して物事に取り組むことに課題があり，豊かな人間関係を育むには，普段の授業において仲間同士が協同的にやり取りをして学び合う機会をしっかりと生み出す必要がある。しかし，こうした課題に対して教師が個別的に丁寧に指導や支援を行うほど，仲間同士のやり取り機会や協同的な取り組み機会が希薄となってしまっている。

　一方，児童生徒の興味・関心や得意な面を活かした，目的が達成しやすい指導も初期段階としては大切ではあるが，未だ経験したことのない，あるいは経験不足で興味・関心のもてていない内容や活動に興味・関心をもたせて取り組ませることに課題のある児童生徒もおり，そのための授業内容や活動に達成感や有能感，成功感を生み出す称賛・評価の在り方が課題となっている。

4　授業改善の観点

　以上の授業づくりにおける課題を乗り越えるためには，学びに困難のある児童生徒の興味・関心を広げ，新たな体験や学習に充実感・満足感・達成感を生み出す授業づくりが重要である。そのための授業でめざす目標の一つが，児童生徒の「主体性」である。「主体性」とは，「自分の意志・判断によって，自ら責任をもって行動しようとする態度」である。

　こうした主体的な態度を育むには，いつ，どこで，何を，どうするのか，そして，その結果どうなるのか，といった見通しをもたせるための学習体験を積み重ね，そこで価値観を生み出す必要がある。授業のねらいに即して，学びの困難な児童生徒の主体性を培うには，人への依存ではない他の何らかの支援が必要である。

　これまでの授業改善による教育成果によって確認された，上記の授業づくりの目標を達成するための教育的支援の在り方は，授業の目的・内容に応じて「物理的支援環境」を整え，一人一人の児童生徒のニーズに応じた「支援ツール」を手配した上で，改めて教師による支援の在り方を見直すことであった。それが，以下の児童生徒が「分かって動ける授業づくり」である。

5　「分かって動ける授業づくり」とは

（1）物理的支援環境の在り方

　「物理的支援環境」とは，それぞれの授業目的と内容に沿って，児童生徒が理解しやすく学びやすい、動きやすく活動しやすい環境づくりである。これらは同時に，指導する教師にとっても、伝えやすく指導・支援がしやすい，そして子どもの実態を把握し評価しやすい，教師に対する支援環境でもある。

　「物理的支援環境」を整えるための留意点は，授業のねらいや内容に応じた適切な環境を設定することであり，全ての児童生徒に必要な支援環境を整えることである。具体的には，課題や活動に取り組みやすい机・椅子・教材・教具等の配置，いつ・どこで・どの順番に・何をするのかが分かる手順表等の手掛かりの配置，互いに課題や活動に取り組みやすい児童生徒の配置，適切な指導・支援のできる教師の立ち位置など，授業展開における児童生徒や教師の最適な動線（動きの軌跡）を生み出す授業環境づくりである。

　こうした授業環境を整えることで，授業のねらいに沿った見通しのある児童生徒の主体的な取り組みが促進される。

（2）支援ツールの活用

　障害のある児童生徒は，理解することや技能を習得することに困難があり，その様態も一人一人異なる。そこで，「物理的支援環境」を整えた上で，さらに個々の児童

—8—

生徒の理解や技能等の特性と授業における参加実態を見据え，一人一人の力を補い，彼らが精一杯活動に取り組め，自分たちの成果に気付いて充足感・達成感等を抱くことのできる「支援ツール」を整える必要がある。

これらの「支援ツール」を活用する上での留意点は，児童生徒が教師の丁寧な個別的支援に依存してしまえば「支援ツール」があっても活用しないということである。

そこで，「支援ツール」を活用した個に応じた支援の在り方が重要であり，これについては本章第2節で確認してみよう。

（3）教師による支援の在り方

「物理的支援環境」と個に応じた「支援ツール」の活用の充足を基に，改めて教師の支援の在り方を見直す必要がある。大切なことは，「人に頼らない」ではなく，児童生徒が「自ら適切に人の支援を求める」ようになることである。

教師の役割は，授業のねらいを伝え，それを学び身に付けるための学習活動の機会を用意し，その学習活動の仕方やポイントを指導し，その成果に気付かせ，そこに価値を抱かせることである。これまでの授業改善の成果から，教師の「位置（ポジション）」の見直しによって，こうした教師の役割における支援の在り方が変わることが確認された。

そこで確認すべき留意点は，意図する内容や評価の観点が一人一人の児童生徒に伝わり理解されているかどうか，児童生徒の自立的主体的な態度の育みに真につながっているかどうか，である。具体的には，それぞれの教師を次の活動を示す手掛かりのある場所や次の活動に向かう場所（移動する場所，物を持って行く場所，物を置く場所など）に配置し，その場所で教師という「手掛かり」を生かして授業展開の流れに応じた活動を方向付け，そこにある「支援ツール」に気付かせ，物の扱いや手順を教える，といった支援を行うことである。

また，離れた位置に固定的に教師を配し，そこへ自ら児童生徒に来させることで，報告・確認・評価・援助要求・許可等の多様な指導機会が生まれる。児童生徒のコミュニケーション技能や適切に支援を求める態度等の，その場や年齢に応じた社会的対人技能を育む機会となり，全ての児童生徒に対する均等な評価機会となるのである。

このように，授業における学びに困難のある児童生徒の主体的な参加と態度を培うためには，「物理的支援環境」と個に応じた「支援ツール」などの補助的手段の活用をもとに「個に応じた包括的支援」をする，といった教育的支援を十分に整えることが大切であり，こうした「分かって動ける授業づくり」を行うことで，全ての児童生徒の経験が拡大され，個のもつ力の機能も拡大することが確認されている。

6 「分かって動けて学び合う授業づくり」とは

　以上の「分かって動ける授業づくり」によって，児童生徒の自立的主体的な授業参加状況は大きく変わるが，さらに授業展開の見直しが必要である。その要点は，授業展開において，児童生徒同士の協同的活動機会を設け，授業目的に応じた学習参加機会を増やして，学びの機会に豊かに触れさせ，学習参加機会ごとに確認・評価機会を設け，評価機会を濃厚化することである。

　具体的には，机・椅子・教材・教具等の準備・片付けや，授業活動における教材・教具の配布等を児童生徒に任せ，仲間同士で行わせる。教師が行う授業目的，スケジュール，活動手順，留意事項等の説明や確認などを絵・写真・文字等で示した手順表や指さし棒などを用いて児童生徒に行わせる。活動展開も，一人一人順番に行う活動を同時に，あるいは相互に連続して活動することや並行して種々の活動を行うようにする等である。

　こうした物を介した児童生徒同士の協同学習機会を豊かに設けることで，活動のつながりと見通しを与え，物の扱い方や日常環境を整えるといった生活技能，相手に合わせた物の受け渡しの態度等の人とのやり取りや社会的技能を育む機会が生まれるのである。

　留意点は，能力差があっても全ての児童生徒に対して機会均等に役割を分担させ，グループ全体の目標達成をめざす協同学習に取り組ませることである。

　その際，参加困難を示す「気になる・困った行動」のある児童生徒がこのような協同的活動機会に参加できるのかと気になるであろうし，初期段階では確かに気になる・困った行動も見られるだろう。ところが，これまで仲間と一緒に役割をもたせることが難しいと考え，役割から外すか教師が個別的に支援を行ってやらせていたことを，教師ではなく仲間に参加を促してもらい協同的支援を行わせることで，逸脱行動は次第に軽減し，むしろ主体的に参加しようとする姿が膨らんでいくのである。

　また，学習参加機会において評価機会を濃厚化するためには，結果の確認・評価を他者が行う「他者評価」，自身が行う「自己評価」，仲間同士が互いに行う「相互評価」という多様な評価を行い，授業ごとにつながりをもって重ねるといった多重な評価が必要である。こうした多様で多重な評価を積み重ねることで，児童生徒の意欲と有用感が高まる。

　以上のような，「分かって動けて学び合う授業づくり」によって，児童生徒のキャリア発達を高め，全ての児童生徒の成長の姿が大きく変わっていくことを知ることができた。

・文部科学省（2007）「特別支援教育の推進について（通知）」19 文科初第 125 号，平成 19 年 4 月 1 日
・文部科学省（2005）「特別支援教育を推進するための制度の在り方について（答申）」特別支援教育に関する中央教育審議会答申，平成 17 年 12 月 8 日

第1章　詳説：分かって動けて学び合う授業づくりとは

第2節
学びを促す個に応じた支援の在り方

香川大学教授　**武藏博文**

1　個に応じた支援の枠組み

　授業の中で，個に応じた支援をどのように展開するか，その支援の手立ての在り方と，留意点について考えてみよう。

　障害のある児童生徒の中には，授業での目標や手掛かりに気付かず困惑し，学習活動をうまく組み立てて行えずにつまずき，関わりも不得手で，周囲に誤解を与えてしまうことがある。このような混乱，つまずき，不得手，誤解が影響し合って，とめどなく悪化することさえある。

　学びを促すための個に応じた支援は，こうした問題を未然に防いで解消し，授業への参加を高め，一人一人の能力と特性に応じ，児童生徒が成果を得て達成感を抱くように整えることである。

　それには，授業での「本人の行動」に着目し，よりよい参加の仕方を見付ける。さらに，本人が自ら取り組みやすい「きっかけ」と「結果」を工夫する。本人の行動に「関連する状況」として，環境や周囲の支援も整える。図に示すように，授業での本人の行動の流れを「関連する状況」－「きっかけ」－「本人の行動」－「結果」のつながりで捉え，そのそれぞれに支援の手立てを工夫して，包括的な支援を実現するのである。

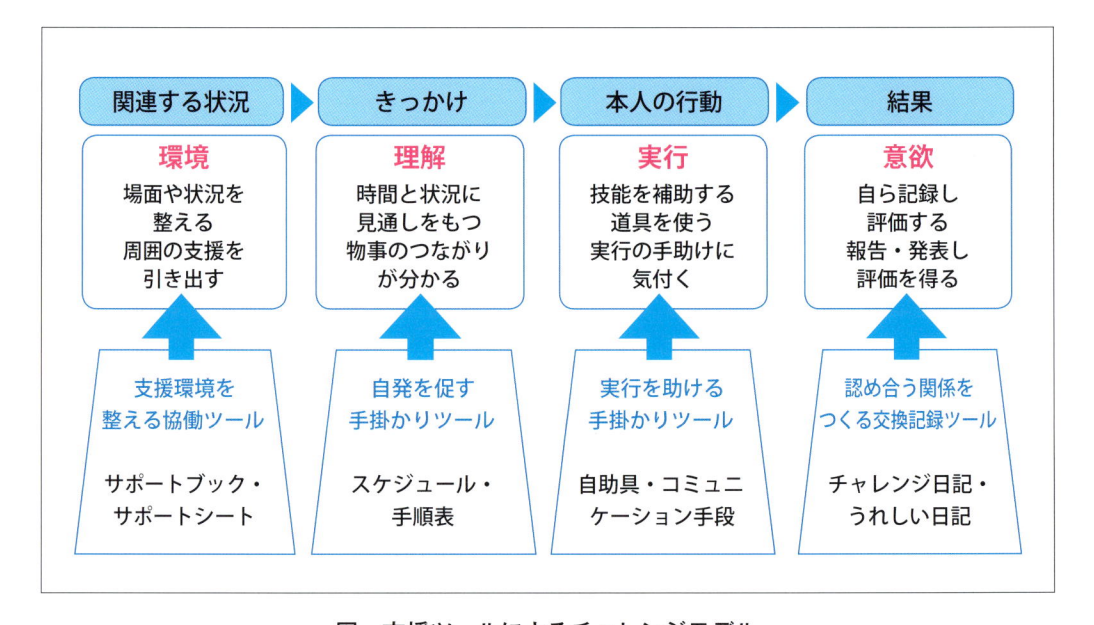

図　支援ツールによるチャレンジモデル

— 11 —

2　支援環境を整える協働ツール：自ら取り組む環境を整える

本人の行動に「関連する状況」では，個のニーズに応じて場面や状況を整えるために「支援環境を整える協働ツール」を活用する。環境を整えるために，本人中心の人的ネットワークをつくることである。環境が整って，自ら取り組むことができる。最初は，指導者同士が情報を共有して，対応の仕方を理解し合う。そこから，児童生徒が自ら発信して，周囲から必要な支援を得ることを教えていく。

共有する情報には，児童生徒との関わり方，関わるときのコツ，積極的な関わりにプラスとなることがある。本人が困ったときの対応の仕方，そのときどきで本人の行動に影響すること等も大切である。目的に応じてサポートブックやサポートシートを作成する。例えば，授業の間で支援の仕方に共通理解を図る。担任以外の先生方，支援員等がサポートの仕方を理解する。交流学級の児童生徒たちが関わり方を知る。

3　自発を促す手掛かりツール：理解を深めて行動する

本人の行動の「きっかけ」では，見通しをもち，物事のつながりを理解するために「自発を促す手掛かりツール」を提示する。児童生徒が確かめて行うという参照行動を形成することである。確認し参照して，理解を深めて行動する。まず，児童生徒に手掛かりをしっかり見せて，行動との結び付きを教える。そこから，児童生徒が自ら手掛かりを取り出し確かめ，それを使って自ら行動するようにさせていく。

手掛かりの内容には，時間の経過，その場の状況等を示すスケジュールや，物事の順序，程度や加減，注意点，目的・目標，結果やゴール等を示す手順表がある。相手とのやり取りの仕方，振る舞い方はセリフや動きを文や絵にした台本（シナリオ，あるいはスクリプトとも言う）で示すことができる。

さらに，児童生徒の認知特性に合わせ，相手の気持ちや考え，社会的常識や暗黙の了解，自分と相手との関係の変化，行うことの意味や目的との関係を，ソーシャルストーリーズ™ に示して理解を促す。

ソーシャルストーリーズ™：発達障害，自閉症スペクトラムのある人がソーシャルスキルを学ぶために考えだされた文章。事実と客観的な見解から，本人が自ら進んで社会的行動をとることができるように支援する。アメリカのキャロル・グレイが提唱し，広く実践している。

4　実行を助ける手掛かりツール：効率的に遂行する

「本人の行動」では，物事をうまく組み立てて行うために「実行を助ける手掛かりツール」を使わせる。児童生徒が学習や生活をする上で必要な道具を使いこなし，習熟度を向上させるのである。操作に熟達することで，物事を効率的に遂行する。まず，児童生徒に道具の扱い方を示して，コツをつかませる。そのうえで，児童生徒が自ら道

第1章 詳説：分かって動けて学び合う授業づくりとは

具を使って試み，使いこなして習熟するようにさせていく。

　本人になじみやすい道具を使いこなすことで，確実に行動を身に付けて，結果にたどり着く。このとき，本人の理解の仕方，よく慣れた扱い方を活用することが大事である。十分に習熟して定着するまで支援を続けて，より効率的，目的的な行動に組み立てる。相手とのやり取りも，コミュニケーションカードやコミュニケーションブック，携帯情報端末やVOCA（音声出力装置）を活用すれば，自信をもって行える。

　思い出すための道具もある。スケジュールや手順表を道具的に使用し，行ったことを自己チェック，自己評価する方法である。児童生徒の特性に合わせ，時間をタイマーで，量をカウンターで，移動を移動先の写真や絵で示して，それを使って行動する。

5　認め合う関係をつくる交換記録ツール：行う意欲を高める

　本人の行動の「結果」では，自ら評価し，周囲から評価を得るために「認め合う関係をつくる交換記録ツール」を計画する。児童生徒と相互に認め合う仕組みをつくることである。評価を重ねて，行う意欲を高めるのである。最初は，行動したら記録をさせる。児童生徒が記録するのを待って，認めて褒める。次第に，指導者は場所を決めて離れて待つ。児童生徒は行動したら自ら記録をし，指導者まで報告に行き，自ら評価を得るようにさせていく。

　自分で書いた記録をもとに評価を受けることが大切である。自己評価に周囲の評価を重ねるのである。ご褒美にシール等が当たるとやる気が出る。書いた記録が貯まると自信につながる。

　ご褒美システムを通じて，記録し報告し説明し評価を受けるという技能を身に付ける。さらに，評価の基準を高めて，より課題の難度や遂行レベルの高い評価を行う。活動を中断することなく，手早く評価を行う。

　自分の感情・気分を記録に付け，気持ちのコントロールを図る方法もある。

6　学び合いにも支援ツールを活用する

　児童生徒がそれぞれに支援ツールを使うことで，活動全体がスムーズになり，相手とのやり取りが成立しやすくなる。例えば，司会・進行等の分担を手順表で確かめて慌てずに行う。やり取りや発表をするときにコミュニケーションカードやVOCA（音声出力装置）を相手に示して行う。

　全体に提示する手掛かり，児童生徒が交代して順に使う手掛かりにより，活動の目標や内容の確認，結果や成果の振り返りが行える。例えば，アニメーションやビデオ映像で課題を提示し，みんなで共有する。評価ボードを使って順に評価を行い，その内容を確かめ認め合う。

　活動の中で，児童生徒同士で支援ツールを使い合うことで，学び合いを深めること

— 13 —

ができる。互いの活動の進み具合をミッションボード（第3章の実践4, 実践5を参照）で確認する。実行中の活動を手掛かりや評価シートで確認して声をかけ合ったり, 相互に評価し合ったりする。

　個別, 全体, 相互の支援ツールがあれば, 学習活動の進行や児童生徒同士のやり取り, 互いの評価を形としてやりやすくなる。形だけの関係に留まらず, より児童生徒同士で学び合うには, 教師の指導性が重要になる。物事のつながりをしっかりと示し, 逸れやすい児童生徒たちを導くことである。使いこなして熟達して定着するようにし, 常に児童生徒同士で学び合うように仕向けることである。評価や振り返りの場を設定し, 発表や表現する関わりを支援することである。

第2章

分かって動けて学び合う授業をデザインする

第1節 「WANTS」の表明から 主体的参加をめざした授業の実現

滝澤 健

1 自己選択・自己決定から「WANTS」の表明へ

　自立を考えるときに，身辺自立や経済的な自立だけでなく，本人自身が生活の仕方や生き方を，本人の思いや願いに基づいて，自己選択・自己決定することに重きが置かれるようになってきた。教育現場では，長期的な視点で一貫した支援を行うことを目的として「個別の教育支援計画」の作成と活用が進められている。そこでも，本人の思いや願いを計画に反映させ，さらに年齢に沿ったものに育てていく視点が大切にされている。

2 WANTS とは？

　指導者や保護者の思いや考えと区別するために，「本人が抱いている思いや願いを育むこと」を「WANTS」とした。学校で授業を計画するとき，本人の WANTS を大切にし，それに沿うように，支援を行っていくのである。

　WANTS には，目の前の欲しい物から将来の生活への希望まで広範囲のものが含まれる。また，「したくない」という拒否の形で表現されることもある。言葉通りに受け止めて「わがまま」と捉えるのではなく，その背景にある本人の思いを探って，支援を改善したり，本人が参加できる活動を保障したりすることが大切である。

　児童生徒が，自分で選び，決めた，身近な目標を達成する。この経験を授業の中で積み重ねていくことが，自信を育み，自己理解を促し，将来の自己実現につながると考える。

3 WANTS を実現するために育てたい力

　知識・技能を身に付けさせ，本人の力を伸ばすことは大切なことであり，学校教育が担うべき役割であることは言うまでもない。ただし，知識・技能を身に付けること自体が目的ではなく，それは本人が思い描くゴールに行き着くための手段である。このことを念頭に，児童生徒の WANTS を実現するために育てたい力を年齢段階に応じて設定し，指導者間の共通理解のもと実践に取り組んだ（図1）。

　小学部では，WANTS を育み，身近な事柄に関して選択決定する経験を通じて，自分の生活に積極的に関わる態度を養う。中学部では，集団の中で自分の思いを調整しながら実現していく力を育む。高等部では，将来の生活を見据えて自分の思いを実現する実践力を育む。

— 16 —

第 2 章　分かって動けて学び合う授業をデザインする

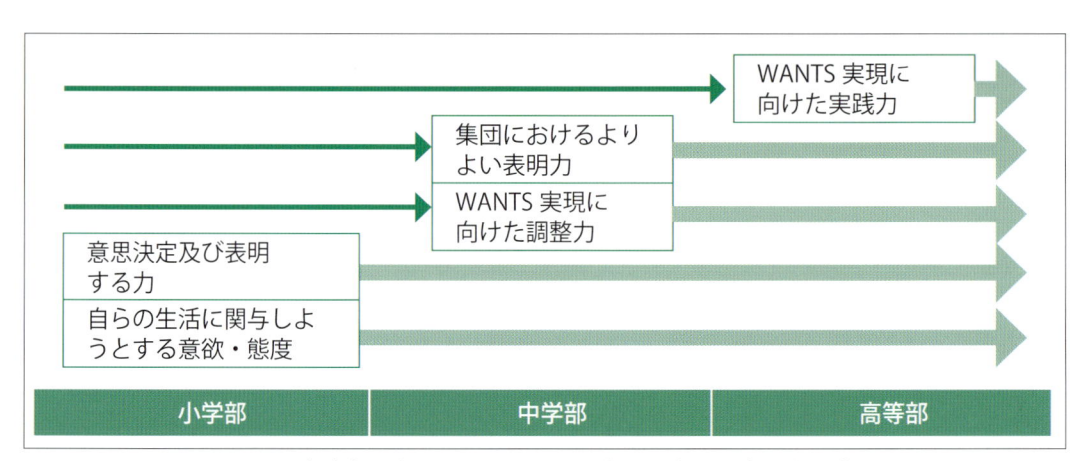

図1　各学部における WANTS の実現に向けて育てたい力

4　WANTS の実現を支援するための 4 つの共有

　本人の WANTS を大切にして，本人の意思を尊重した教育を進めるときに，本人と指導者による 4 つの共有が重要であった。

> ① WANTS の実現という「目的・ゴール」を共有する
> ② WANTS の実現への「プロセス」を共有する
> ③ 必要に応じて WANTS の「調整」を共有する
> ④ WANTS の実現に関する「結果」を共有する

① 本人が意思を表明しやすい環境を整える。本人が WANTS を自覚し，自ら意思を伝えられるようにする。
② 本人が実現までのプロセスをイメージしにくい場合もある。実現までに必要な準備や具体的なやり方などに，見通しがもてるように個に応じて環境や手立てを整える。
③ 指導者から見て，本人の表明する WANTS が現実的に難しい場合もある。実現までのプロセスやリスクを説明し，本人が納得する形で変更することを援助する。
④ WANTS を実現するという成功経験を周囲と共有する。実現に至るプロセスと結果を振り返ることは，次の課題に向かう意欲や自信を育てることにつながる。

5　さらなる主体的参加をめざした授業へ

　WANTS の実現には周囲との共有・調整が欠かせない。4 つの共有を行うには，指導者と本人が一方的に支援する－支援される，頑張らせるという関係ではなく，児童生徒同士で相互に支え合い，認め合うポジティブな人間関係が求められる。
　そこで，児童生徒が集団の中で役割を担う活動や，仲間同士で関わり合い，協同しながら課題を解決していく活動機会を積極的に取り入れ，児童生徒が主体的に授業へ参加し，活動に取り組むための支援の工夫を検討した。

— 17 —

第2節 授業への「参加」を高める3つの視点： 分かる・動ける・学び合う

山内雅子

1 授業への「参加」を高める

主体的な社会参加とは，「現在及び将来にわたって，必要な支援を得ながら，自らのもてる力を最大限に発揮し，周囲の人と関わり合い，自分の生活に関することを自己選択・自己決定しながら，地域社会で暮らすこと」と考える。その実現には，自らの力を最大限に発揮し，意欲的に活動に取り組む力や態度が必要である。さらに，他者との関わりの中でそれらの力や態度をよりよく生かさなければならない。

学校の授業は，集団の中で，計画的・継続的に学べる有効な学びの場である。児童生徒一人一人が授業に十分に「参加」することで，自分を発揮する力，活動に取り組む力をしっかりと身に付けることができる。授業を通じて，児童生徒同士が関わり合い，自分の力を発揮する経験を積むことで，協同する良さや必要性を学ぶことができる。

授業をデザインする際に，主体的な社会参加を見通して，児童生徒の授業への参加を高めるという視点をもつことは重要である。

2 「参加」を高める3つの視点

参加の高い授業とは，児童生徒が「分かって（目的意識）」「動けて（遂行・活用）」「学び合う（協同）」姿が現れる授業である。3つの視点を大切にして授業をつくることで，児童生徒の参加を高め，主体的な社会参加への資質を養うことができると考える（**図2**）。

図2 「参加」を高める3つの視点

分かる 「目的意識」	動ける 「遂行・活用」	学び合う 「協同」
・今，することが分かる ・することの流れが分かる ・授業の目標（ねらい）が分かる ・単元の目標（ねらい）が分かる ・生活とのつながり（学習内容の意義・価値）が分かる	・指導者の手助けがあればできる ・手掛かりを確認しながら一人でできる ・ポイントを意識してよりよくできる（例：早く，たくさん，正確に） ・場面が変わってもできる ・状況に合わせて適切な方法を考えてできる	・集団の中で役割を果たす（固定→状況に応じて） ・役割を介してやり取りする ・学習の成果や結果について互いに評価し合う ・自分の意見を伝えたり，相手の意見を聞いたりする ・課題解決に向けて話し合う

3　分かる（目的意識）

　「分かる」とは，児童生徒が目的意識をもって活動に取り組む姿である。活動する中で喜びや満足感を得ること，喜びや満足感を高めて活動し達成感を得ること，活動をすることの意味や意図，目標やねらいが分かること，ある活動が次のどの活動につながるのかを理解すること，自分の生活のどの部分とつながっているのかを理解することなどである。

　達成感を味わうことで，活動への意欲が生まれる。また，はじめは活動の意義や目的，自分の生活とのつながりを理解することが困難であっても，目的やつながりを意識して学習を繰り返すことで，理解が深まる。それが意欲の高まりや継続する気持ち，さらには新しいことへのチャレンジにつながる。

4　動ける（遂行・活用）

　「動ける」とは，児童生徒が自分の役割や課題をやり遂げたり，自分の力を生かしながら活動に取り組んだりする姿である。自立的・自発的に活動することであり，「自分でできる」，「自分からできる」，さらに，「よりよくできる」をめざすことである。

　「自分でできる」とは，本人のもっている力を発揮して活動に取り組むことである。それだけでなく，自分の力を伸張するために，必要な援助や支援ツールを使う場合も含んでいる。「自分からできる」とは，自分から活動に取り掛かり，活動を進めていくことである。それに加えて，より高い目標・ねらいを達成するために，自分から手掛かりを使ったり援助を求めたりすることも含んでいる。

　さらに「よりよくできる」をめざそうとする。習熟度を向上させて，早く・正確になどを意識して活動する。場面が変わっても応用できたり，その場の状況に合わせて適切な方法を考えたりしながら活動する。こうした広がりが，本人の自信につながり，有能感を増し，自分の力を最大限に発揮しようとすることになる。

5　学び合う（協同）

　「学び合う」とは，児童生徒が協同して活動する姿である。活動する集団の中で自分の役割を果たすこと，それぞれの役割を通して互いにやり取りをすること，学習の成果や結果を互いに評価し合うこと，自分の意見を相手に伝えたり，相手の意見を聞いたりすること，課題解決に向けて話し合いをすることなどである。

　まずは，集団の中での自分の役割を自覚してやり遂げることが，集団への帰属意識を高めることになる。さらに，役割を遂行する際に，児童生徒同士でやり取りをすることで，仲間を意識するようになる。共通の目標・ねらいに向かって話し合い，活動の過程で評価を重ねることで，互いを認め合う気持ちが高まり，協同する良さや必要性を感じる。こうした繰り返しが，ポジティブに人に関わろうとする基礎となる。

第3節 授業をデザインする3つの工夫：
活動機会・支援環境・授業展開

植村伊裕

1 授業をデザインする3つの工夫

　授業への参加を高めて，児童生徒が分かって動けて学び合う姿を実現するためには，「活動機会」，「支援環境」，「授業展開」の3つの点から，授業をデザインすることが有効である。児童生徒に合った活動の機会を設定し，自立的・主体的に活動できる環境・支援ツールを整え，指導者の支援を精選し，学びが深まるように授業の流れを工夫するのである（**図3**）。

2 活動機会の工夫

　指導者主導の授業では，児童生徒の活動量が少なく，待ち時間が長くなってしまう。そのため，児童生徒が自ら考える学習機会も少なく，自ら援助を求める必要もなく，受け身的な態度になりがちである。

　まず，課題に対してWANTSを表明したり，自己選択・自己決定したりする機会を設ける。課題への興味・関心を高め，自ら取り組もうとする意識をもつためである。

　その上で，児童生徒の活動量を増やすための工夫を行う。指導者が行っていた教材等の準備や片付け，授業の進行，やり方の説明など，日々繰り返される活動を児童生徒の役割として任せるようにする。

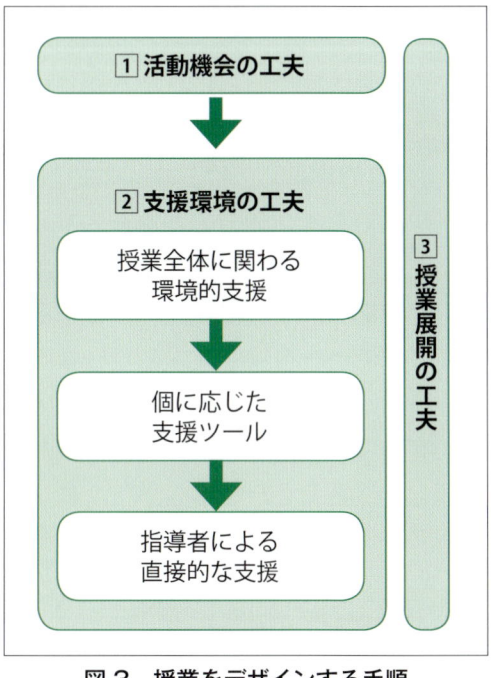

図3　授業をデザインする手順

　また，児童生徒同士のやり取りや協同した活動の機会を設定する。それぞれが，それぞれの課題を果たし，その様子を互いに見合い，確認，評価し合う。こうした活動の積み重ねにより，相手を意識した行動が引き出され，学び合いを深めることができる。

　さらに，習得した知識や技能を活用して，課題解決を図る活動を設定する。授業の中での学びを実生活と結び付け，生活の中で活用していく力を育むのである。児童生徒が課題に取り組む中で，つまずきを見せ，支援を必要とすることもある。コミュニケーションを自発する機会をつくり，自ら支援を求める力を養うことも大切である。

— 20 —

3　支援環境の工夫

　児童生徒に応じた活動機会を設定しても，どのようにするのかが分かりにくかったり，やり方が複雑で難しかったりして，最後まで活動をやり切ることができず，活動への意欲が低下してしまうことがある。支援環境を工夫・見直すことが必須である。

　まず，**授業全体に関わる環境的支援**を見直すことである。具体的には，スケジュール表を全体に提示する，手順書を活用して課題に取り組む，活動のルールやそれぞれの役割，課題の達成基準などを視覚的かつ具体的に提示する，児童生徒が活動しやすい動線を整理したり，教材や道具，手掛かりの配置を工夫したりする。

　次に，全体への配慮と合わせて，**個に応じた支援ツール**を見直すことである。児童生徒の興味・関心や能力・特性等に応じた支援ツールを工夫することで，自ら判断し，参照し，表現するなど主体的な行動を引き出すことができる。

　「支援ツール」は整理すると４種類ある。サポートブックなどの支援環境を整える協働ツール，スケジュールや手順表などの自発を促す手掛かりツール，自助具やコミュニケーションツールなどの実行を助ける手掛かりツール，チャレンジ日記や作業日誌などの認め合う関係をつくる交換記録ツールである。

　そして，児童生徒の自立的な行動を促すために，**指導者による直接的な支援**の見直しを行う。具体例としては，児童生徒に活動の見通しをもたせる工夫や見本の提示，言動を深める助言や発問，評価のポイントや基準を伝える工夫などである。

4　授業展開の工夫

　授業展開の工夫とは，授業の学習活動同士につながりをもたせることである。学習活動の成果を次の学習活動に生かすようにする。同じ学習内容でも，形を変えて繰り返し反復できるようにする（例：テレビ画面を見て数える➡具体物を数える）。授業間のつながりも大切である。前時の振り返りを次の授業の導入に生かすことである（**図４**）。

　さらに，授業での導入や振り返りでは，学習への目的意識を高めるための工夫が大切である。導入で「何のために活動するのか」や「こんなときはどうするのか」といった学ぶ目的をビデオやプレゼンテーションソフトを使って提示する。振り返りで，その日の活動の様子のビデオや写真を使い，学習活動と結果のつながりを明確にする。

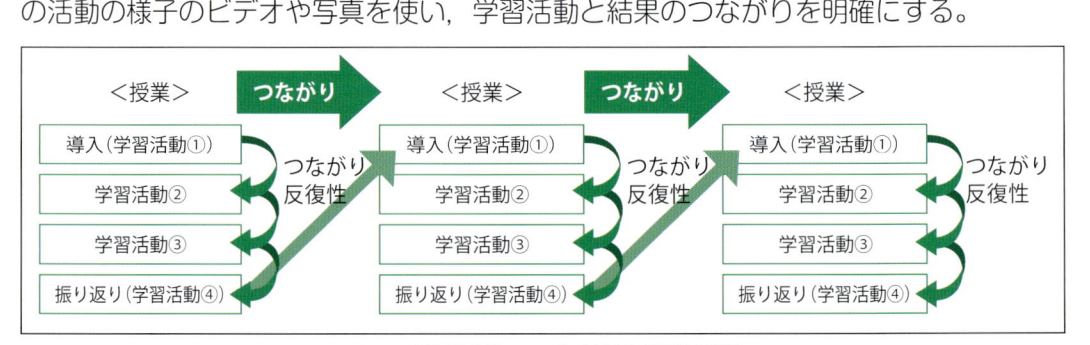

図４　学習活動のつながりと授業展開

| | 第4節 | 授業改善の進め方：「授業デザインの羅針盤」と「授業改善のアイデア事例集」 |

第4節 授業改善の進め方： 「授業デザインの羅針盤」と「授業改善のアイデア事例集」

髙原淳一

1 「授業デザインの羅針盤」とは

　参加を高める視点や授業デザインの工夫に基づいて授業づくり・改善を進めるときによく挙げられるものを整理し，一覧にまとめたものが「授業デザインの羅針盤」（P.24, 25）である。「まずコレ」では基本的で比較的取り組みやすい改善ポイントを，「つぎコレ」では応用的な改善ポイントを紹介している。

　授業検討会では，この表を参照しながら改善案を話し合うことで，教員が共通のイメージをもって討議に参加することができる。また，「この改善ポイントから考えると，もっと○○のように改善できないか」と，自分たちの考えやすい方向にアイデアが偏ってしまうのを防ぎ，見方を広げることもできる。

　ただし，これらの分類はあくまで目安であり，絶対的な順番を示しているわけではないので，取り組みやすいポイントから行えばよい。また，一つの授業の中で網羅すべきチェックリストでもない。授業づくりの方向を縛るものではなく，改善点を検討する上での参考資料として考えている。

2 学習指導案への活用と「授業改善のアイデア事例集」

　本校の学習指導案では，学習指導過程の項目にポイント番号を記入する欄を作り，改善ポイントとして活用している（**表1**）。指導案の作成者は，指導・支援を計画する際に，「授業デザインの羅針盤」を参照しながら，当てはまるポイント番号を記入するようにしている。そうすることで，改善ポイントの内容について明確にするとともに意識を高めることをねらっている。

　さらに，改善ポイントが意味する方向性や具体的な手立てをイメージしやすいように作成したのが「授業改善のアイデア事例集」（P.26〜40）である。「授業改善のアイデ

表1　支援項目にポイント番号を記入した学習指導案の一部

学習活動	ポイント番号	活動機会・支援環境の工夫
3　具体物を数える 　　・10のまとまりを作る	⑬	・10のまとまりを正確に数えることが難しいF女に対しては，数えるためのアイテムをT1から提示する。
・「授業デザインの羅針盤」の項目と対応した番号を記入する。	⑳	・数える際には，決まった場所で，児童が自ら質問，報告できるようにする。

ア事例集」には，ポイント番号ごとに改善の内容を詳しく解説しているほか，具体的な改善案を提示し，本校で実際に取り組まれている授業場面や教材の写真も掲載した。

これら「授業デザインの羅針盤」「授業改善のアイデア事例集」を活用することで，教員が共通の方向に向かって授業改善に参加できることを目標としている。

3　授業を検討して改善する

授業づくりを進めていく上では，授業「前」の準備や検討だけではなく，授業「後」に「もっとこうすれば良かった」という改善点を出し合い，次の授業をよりよいものにしていくという授業改善の仕組みが大切である。

そのための検討会は，授業者だけでなく，できるだけ多くの人で参加する方がよい（**図5**）。その際は大型の付箋を利用して検討を進めると，参加者の意見が出やすく，その整理もしやすい。討議をより実りのあるものにするには，授業デザインの工夫点（活動機会・支援環境・授業展開）を教員間で共通理解しておくことである。具体的には以下のように進めていく。

（1）授業を参観する

教員でローテーションを組み，対象となる授業を参観する。直接の参観が難しい場合は録画した授業を事前に見ておくようにする。

（2）気付いた点を付箋に記入する

「授業デザインの羅針盤」を参考に，良かった点や改善点を大型の付箋に記入する。このとき，付箋を色分けして使うと良い（例えば，良かった点は赤い付箋，改善点は青い付箋など）。また，整理しやすいように，一つの付箋には一つの内容だけを記入する。

（3）記入した付箋をボードに貼る

記入した付箋を，学習指導過程（導入・展開・振り返り）と工夫点（活動機会・支援環境・授業展開）のマトリクス上に位置付けながら貼り付ける（**図5下**）。進行役は，貼られた付箋をより適切な位置に貼り直したり，同じ内容のものをまとめたりする。

（4）意見交換を行う

整理した付箋を参照しながら，それぞれの改善点について，意見交換を行い深めていく。

例えば，良かった点の理由を考えて価値付けしたり，改善点についてアイデアを出し合い実践しやすいように具体化したりする。

（5）改善授業を行う

検討会で話し合われた意見を参考にして授業を見直し，改善授業を行う。

図5　ビデオ分析と付箋を使った授業検討会の様子

授業デザインの羅針盤

＊授業改善は「活動機会の見直し」→「支援環境の見直し」の手順で行う。さらに「支援環境の見直し」は「授業全体に関わる環境的支援」→「個に応じた支援ツール」→「指導者による直接的な支援」の順で検討する。「授業展開の見直し」は適宜行う。

1 活動機会の見直し → **2 支援環境の見直し**（授業全体への環境的支援 → 個に応じた支援ツール → 指導者による直接的な支援） → **3 授業展開の見直し**

まずコレ（基本）

活動機会の見直し

① 児童生徒の特性や関心に応じて、集団の中で役割を設定しよう

④ 自発的なコミュニケーションを引き出すための状況づくりをしよう

⑤ 自分の思いや願い（WANTS）を表明したり、自己選択・自己決定したりする機会を設定しよう

授業全体に関わる環境的支援

⑦ 活動全体の目的やねらい、見通しを分かりやすく示そう

⑧ 児童生徒が何をするのかが分かり、自立的に活動できるための手立てを整えよう

⑨ 児童生徒が活動しやすい動線の配置と取り組みやすい事物の整理をしよう

つぎコレ（応用）

② 児童生徒同士のやり取りや協同した活動を設定しよう

③ 活動の振り返りを行い、多様な評価（自己評価・相互評価など）を受ける場面を設定しよう

⑥ 習得した知識・技能を他の場面でも活用する機会を積極的に設けよう

⑩ 活動の中での役割分担や協力の仕方などを分かりやすく示そう

⑪ 活動に取り組むためのルールや達成基準を分かりやすく示そう

支援ツール

- 【環境】支援環境を整える 協働ツール
- 【理解】自発を促す 手掛かりツール
- 【実行】実行を助ける 手掛かりツール
- 【意欲】評価の機会を与える 支援記録ツール

支援環境の見直し

個に応じた支援ツール

⑫ 児童生徒が理解でき、自ら使いこなせるツールにしよう

⑬ 興味・関心を取り入れ、能力や特性に応じた扱いやすいツールにしよう

⑭ 自ら記録し報告して、振り返り・評価や説明に使えるツールにしよう

⑮ 他の場面で活用したり、支援を得るための共通理解を図ったりするツールにしよう

指導者による直接的な支援

⑯ 児童生徒が活動の見通しをもてるようにしよう

⑰ 児童生徒が手掛かりや支援ツールに気付き、使い方を学べるように支援しよう

⑱ 児童生徒の活動のモデルとなるように、指導者が手本を示そう

⑲ 活動のねらいに合わせて指導者の位置取りを見直そう

授業展開の見直し

㉓ 学習活動同士につながりをもたせよう

⑳ 児童生徒が考えたり思考を深めたりするような助言や発問をしよう

㉑ 評価のポイントや基準が分かるように伝えよう

㉒ 児童生徒の自発的な行動を引き出すための働き掛けをしよう

㉔ 学習への目的意識をもてるように導入や振り返りを工夫しよう

「授業デザインの羅針盤」による
授業改善のアイデア事例集

活動機会の見直し⇒ P.26 ～　　　**支援環境の見直し⇒ P.30 ～**
授業展開の見直し⇒ P.40 ～

活動機会の見直し

① 児童生徒の特性や関心に応じて，集団の中で役割を設定しよう

　授業の進行や教材の準備・片付けなど，児童生徒の役割として任せられるものがないか，授業の中の活動を見直してみましょう。

●最初は，物を運んだりカードを貼ったりなど，物を使った具体的な操作を伴う活動が設定しやすい。

児童生徒がそれぞれ授業の中で役割をもつ

② 児童生徒同士のやり取りや協同した活動を設定しよう

　役割の交代・物の受け渡し・話し合いなど，児童生徒同士がやり取りをする場面を作りましょう。

●最初は，指導者がやり取りを主導して一定の流れを作り，徐々に児童生徒に役割を移していく。
●一人でできるようになった活動を生かして，友達との協同の場面を設定する。
●友達と一緒でないと運べない物を運ぶなど，協同して行う必然性や必要性がある学習活動を設定する。
●分担表や手順書を関係の児童生徒で共有し，お互いの役割や進行状況が確認できるようにする。

第2章　分かって動けて学び合う授業をデザインする

ファイル配りでのやり取り
「どうぞ」「ありがとう」

二人で協力して準備する

チェックリストを共有して
お互いに確認する

お互いのメモの内容を確認する

③ 活動の振り返りを行い，多様な評価（自己評価・相互評価など）を受ける場面を設定しよう

　活動の最後では振り返りの場面を設定し，自分がしたことを振り返ったり，児童生徒同士で確かめ合ったりなど，多様な評価（自己評価・相互評価・他者評価）を受けられるようにしましょう。

- ●作品を制作している様子を画像やビデオ映像で確認しながら振り返るなど，何を評価しているのかが分かるようにする。
- ●発表の聞き手の児童生徒にも，花丸カードを上げるなど具体的な役割をもたせる。
- ●児童生徒同士の相互評価の後に指導者がさらに評価を重ねることで，児童生徒の理解がさらに深まるようにする。

— 27 —

友達からの評価の後に指導者が評価を重ねる

④ 自発的なコミュニケーションを引き出すための状況づくりをしよう

　欲しいものを要求する，みんなの前で発表するなど，児童生徒が興味・関心をもち，コミュニケーションの意欲が高まるような場面を設定しましょう。

- ●最初は，やり取りの場面や発表内容を定型化することで，コミュニケーションの仕方を分かりやすく学べるようにする。
- ●児童生徒が言いたいことがありそう，困っていそうな場面でも，指導者からすぐに働き掛けるのではなく，しばらく様子を見て，コミュニケーションを自発する機会を作る。
- ●話し言葉だけでコミュニケーションするのが難しい児童生徒は，カードやVOCA（音声出力装置）など，コミュニケーションのための手段を確保する。
- ●言葉のある児童生徒でも，台本やシナリオなどを用意することで，みんなの前で自信をもって発表や司会進行を行うことができる。

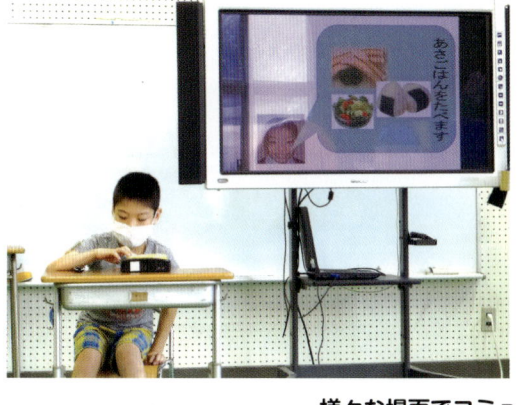

様々な場面でコミュニケーションの機会を

第 2 章　分かって動けて学び合う授業をデザインする

文字・写真・イラストを活用したコミュニケーションカード

⑤ 自分の思いや願い（WANTS）を表明したり，自己選択・自己決定したりする機会を設定しよう

活動内容や順番，材料や道具などを児童生徒が選択できる機会を設けましょう。

●最初は，指導者と一緒に選んだり，指導者が示した選択肢の中から選んだりする。
●選択するだけでなく，選んだ事柄や理由を友達に発表したり，そのための計画を立てて実行したりする学習にもつなげていく。

「夕食は何がいいかな …。」

「僕は○○がいいです。理由は …。」

⑥ 習得した知識・技能を他の場面でも活用する機会を積極的に設けよう

　ある授業で学習した知識・技能（分かったこと，できるようになったこと，使えるようになった支援ツールなど）は，違う場面（他教科や生活の中）でも使う機会を積極的に設けましょう。

●（例）算数で使ったの 10 ずつ数えるツールを使っていろいろな物を数える。
　（例）国語で練習した文章ひな形を使って振り返りの日記を書く。

— 29 —

支援環境の見直し

★授業全体に関わる環境的支援

⑦ 活動全体の目的やねらい，見通しを分かりやすく示そう

　児童生徒が目的意識をもって活動したり，見通しをもって安心して活動したりできるようにしましょう。

●見通しを伝えるときは，「いつ」「どこで」「何を」「どうやって」「どれだけ」「終わったら次は何をするのか」の情報を児童生徒の実態に合わせて伝えるようにする。
（例）スケジュール・手順書・プレゼンテーション・板書の工夫など

行事での全体スケジュール提示

⑧ 児童生徒が何をするのかが分かり，自立的に活動できるための手立てを整えよう

　児童生徒が自分で確認しながら自立的に活動できるための手掛かりを環境に用意したり，よりスムーズに活動できるために物の配置を工夫したりしましょう。

●足型・顔写真・マーク・目印などの手掛かりを使って，席・立ち位置・道具や材料の置き場などを分かりやすく示す。
●道具や材料を使いやすく整理しやすいように配置を工夫する。
●道具やファイルなどの準備や片付けを児童生徒自身が行えるように，机や棚を整理して取り出しやすくしておく。

第2章　分かって動けて学び合う授業をデザインする

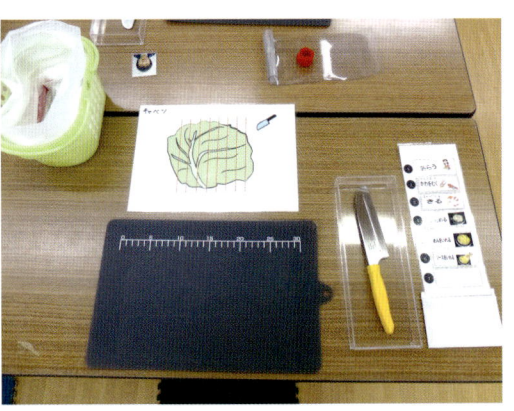

発表時の立ち位置を示す足型

調理の道具や材料を分かりやすく配置

用具を置く位置をテープで明確化

片付ける物を写真で提示したおもちゃ箱

整理の仕方を写真で提示した食器棚

課題ごとにトレイに入れて整理された課題棚

⑨ 児童生徒が活動しやすい動線の配置と取り組みやすい 事物の整理をしよう

　指導者や児童生徒の動線に無駄がないか，それぞれの動線が交錯してないかをチェックし，シンプルで効率の良い動線になるよう，物の配置や立ち位置を工夫しましょう。

— 31 —

児童生徒が活動しやすい動線の設定を

⑩ 活動の中での役割分担や協力の仕方などを分かりやすく示そう

役割や係分担は，児童生徒が自分で確認できるよう，視覚的に提示しておきましょう。

準備の役割（マットを持つ場所）が
分かるように貼られた顔写真

朝の会での役割分担表

⑪ 活動に取り組むためのルールや達成基準を分かりやすく示そう

　方法・達成基準・ルールなどを，児童生徒が自分で確認できるよう，視覚的・具体的に伝えましょう。

●達成基準については，「どういう状態が正しいのか」ということを分かりやすく伝える。

発表時の声の大きさ

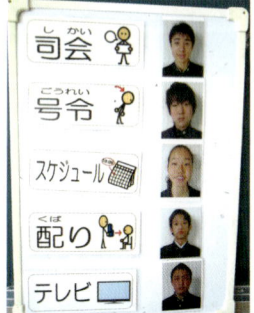

作業の達成基準

第2章　分かって動けて学び合う授業をデザインする

★個に応じた支援ツール

⑫ 児童生徒が理解でき，自ら使いこなせるツールにしよう

　スケジュールや手順書などを作成する場合は，児童生徒が理解できる情報の種類や
提示量を考えましょう。

　＊情報の種類：文字・写真・絵・イラスト・実物など

　＊提示量：1つずつ提示・部分的に提示・全ての手順を提示など

●児童生徒の立場に立って，使うために必要な情報が盛り込まれているかをチェックする。できる部分の情報は略したり，つまずきそうな部分の情報は詳しくしたりするなどして，使う児童生徒の必要性に応じて提示の仕方を工夫する。

●指導者が支援ツールを使わせるのではなく，児童生徒自らが支援ツールを使うメリットを感じられるようにする。

実物でのスケジュール

イラストや写真でのスケジュール

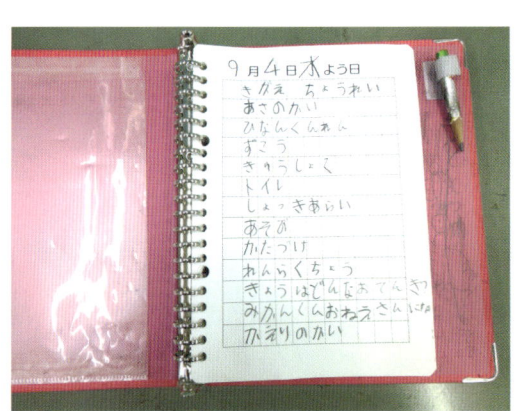
文字でのスケジュール

携帯情報端末内の手順表を見ながら活動する

— 33 —

⑬ 興味・関心を取り入れ，能力や特性に応じた扱いやすいツールにしよう

　児童生徒の実態に応じて，興味・関心をもちやすく，扱いやすい自助具や補助具を用意しましょう。

●使用する児童生徒の好きなもの，興味・関心のあるもの，得意なものを取り入れて意欲を高める。
●同じ手順書でも，実態に合わせて，めくり式・チェックリスト・携帯情報端末など形を変える。
●携帯しやすさや実際に行う場面での使いやすさ，児童生徒の生活年齢や将来の生活も考慮する。

好きなキャラクターを取り入れたがんばりポイントツール

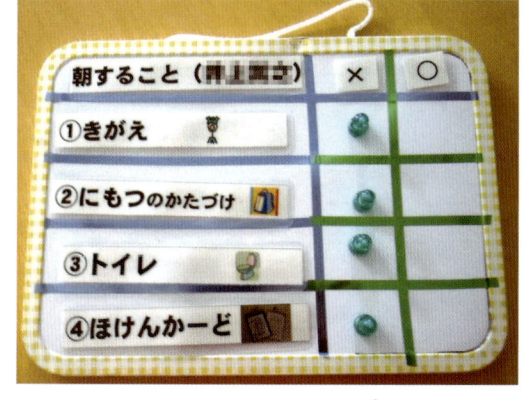

チェックリストタイプ

ファイリングタイプ

第2章　分かって動けて学び合う授業をデザインする

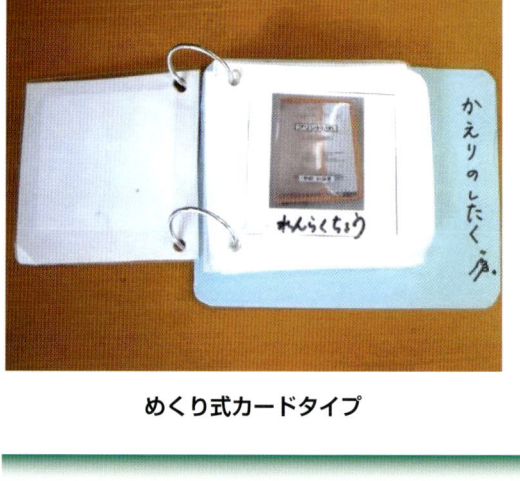

めくり式カードタイプ

携帯情報端末タイプ

⑭ 自ら記録し報告して，振り返り・評価や説明に使えるツールにしよう

　活動の後には，取り組んだ活動を記録することで自己評価をし，それを報告することで他者評価を受けるようにしましょう。自ら進んで報告し評価を得ることは，自ら説明して援助を求め修正していこうとする態度につながります。

●学習した内容を自分で記入したりファイリングしたりすることで，後で見返したり実際の生活場面で役立てたりできるようにする。

作業学習での振り返りシート

振り返ったことを報告して評価を受ける

学習した内容がまとめられたファイル

— 35 —

⑮ 他の場面で活用したり，支援を得るための共通理解を 図ったりするツールにしよう

　学習場面だけではなく，いろいろな生活場面（家庭・実習先など）に応じた形態や提供方法を工夫しましょう。

●学校以外の場面で活用する場合は，周りの人たちの理解やサポートを得るための情報提供をする。
（例）支援ツールの説明プリント，サポートブック

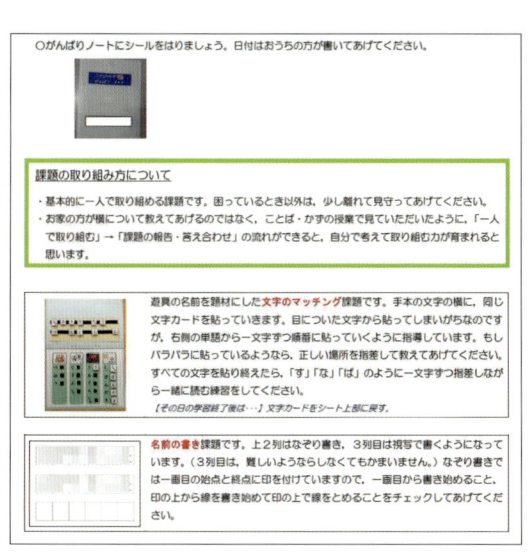

スマートフォンでアプリを持ち歩く

宿題を家庭に持ち帰るときは，
説明プリントも一緒に

第2章 分かって動けて学び合う授業をデザインする

★指導者による直接的な支援

⑯ 児童生徒が活動の見通しをもてるようにしよう

　児童生徒が安心して活動できるように，授業や活動の最初に，支援ツールを使って，活動の流れややり方を説明し確かめましょう。

　児童生徒の移動時には，最初は指導者が先回りして活動場所に行くようにし，そこにある手掛かりに気付かせるようにします。指導者が送り手と受け手に別れて役割分担するのも効果的です。【ポイント⑰,⑲も参照】

送り手と受け手の役割分担

⑰ 児童生徒が手掛かりや支援ツールに気付き，使い方を学べるように支援しよう

　児童生徒は，最初から支援ツールの使い方が分かって利用できるわけではありません。支援ツールの導入段階では，指導者がついて，その使い方をしっかり学べるようにしましょう。

●児童生徒が使い方を覚えたら，指導者の支援を少しずつ減らしていくようにする。

最初は指導者がしっかり使い方を教える

⑱ 児童生徒の活動のモデルとなるように，指導者が手本を示そう

　進行や発表などを児童生徒自身が行うことを想定して，指導者は児童生徒の立場でモデルを示すようにしましょう。

— 37 —

- ●ＳＴ（サブティーチャー）が児童生徒の役でモデルを示すことも効果的。
- ●ビデオ映像を使ったモデル提示は，児童生徒の注意を引きやすい。
- ●モデル提示は，部分的に行う・強調する・同時に行うなど，個々の学び方に応じて行う。

⑲ 活動のねらいに合わせて指導者の位置取りを見直そう

　必要なときに児童生徒が自分から指導者のところに来ることができるようにしましょう。指導者が常に児童生徒の側にいて手厚く支援することは，児童生徒の自立的な行動を妨げ，受身的な態度につながってしまいます。

- ●全ての児童生徒の動きを把握できる指導者の位置取りを考える。
- ●最初は，児童生徒が自ら指導者のところに来て報告や援助を求めることができるように，最初は指導者の位置取りを決めて支援する。指導者はその場所から必要なときにタイミングよく指導・支援に行き，終わったら定位置に戻るようにする。
- ●自ら報告や援助依頼に来ることができるようになったら，指導者は位置取りを移動し，児童生徒が指導者を探して報告や援助依頼に来ることができるようにステップアップしていく。

自立的な行動を引き出すための指導者の位置取りの例

⑳ 児童生徒が考えたり思考を深めたりするような助言や発問をしよう

　児童生徒の発言や発表・評価の後には，指導者が評価を重ね，児童生徒の発言内容の意味付けや価値付けをしましょう。

- ● 授業導入時の全体への発問では，全児童生徒が経験している題材を用いる。
  （例）行事の導入で，過去に経験したときの画像を提示しながら問い掛ける。

㉑ 評価のポイントや基準が分かるように伝えよう

　活動前に評価ポイントを伝えたり，後で振り返りをすることを伝えたりしましょう。活動への意欲を高めたり活動の質を高めたりすることにつながります。【ポイント⑪も参照】

● 児童生徒の実態に応じて，言葉での説明だけではなく，視覚的かつ具体的にポイントや基準を伝える。

活動のポイントを動画と写真カードで確認する

㉒ 児童生徒の自発的な行動を引き出すための働き掛けをしよう

　環境的支援・支援ツールを十分に整えた上で，児童生徒が行動を開始するのを待つようにしましょう。

● 求められていることが児童生徒に分かりやすく伝わるよう工夫する。
　（例）注意を引きつける，順序立てて要点を押さえ短く簡潔に伝える，視覚的な手掛かりの提示を交えながら１つずつ順に伝えるなど。
● できるようになってきた活動は，自ら取り組むように意図的に指示を減らしていく。その際には援助（プロンプト）の種類を考え，できるだけ介入度の低いものを実施し，離れて見守るようにする。
　＊援助の種類：言葉掛け・指差し・モデリング・身体的ガイダンスなど
● コミュニケーションの練習をする場合は，やり取り相手とは別の人が児童生徒の援助をするようにすると分かりやすい。

授業展開の見直し

㉓ 学習活動同士につながりをもたせよう

学習活動の結果や成果が，次の学習活動に生かせるように授業展開を工夫しましょう。

（例）レシピを書く→レシピを使って調理する
（例）全体で学習活動を確かめる→グループに分かれて行う→発表する→各自で
　　振り返る
（例）単語カードを組み合わせて文を作る→作った文を参照しながら書く

㉔ 学習への目的意識をもてるように導入や振り返りを工夫しよう

「やってみたい」「おもしろそう」と感じ，「どうしてこの学習をするのか」「それを学べばどんなことができるのか」などが分かるように導入や振り返りの方法を工夫しましょう。児童生徒が学習内容に興味・関心をもち，学習することへの価値や意味を理解することは，目的意識をもって主体的に活動に取り組むことにつながります。

● ビデオ映像などを活用して，今からする活動内容や学習の成果を具体的に提示すると，児童生徒の意欲や関心が高まる。
（例）数の学習で，10 ずつ数える方法を知らないで困っている場面をビデオ映像で見せるなど
● 学習活動と結果のつながりを明確にして振り返ることが，次の時間の学習への意欲を促す。
● 毎回の授業や活動の終わりに，振り返り・評価を行い，結果を確かめて，達成度を評価する。

今日はどんな学習をするのかをスライド画面で確認

第3章

授業改善の過程

学び合う国語・算数数学の指導

実践1 小学部低学年　国語科

「動きの言葉〜やってみようチャンネル〜」

授業者　**丸橋順子・前田美帆**

1　授業のねらい

【分かる　目的意識】
・身近な「動き」の言葉を知る。
【動ける　遂行・活用】
・「動き」を表している写真を見て，文を作ったり，書いたりすることができる。
【学び合う　協同】
・文の内容を動作化したり，言葉で表現したりして発表することができる。

　本題材では，使う場面や対象物によって動きが変わる言葉を多く取り上げる（例えば，「袋を開ける」と「ドアを開ける」）。習得には，動きを言葉や文字で表現することや，言葉や文の内容に合った動きをすることなど，動きと言葉を結び付ける学習活動が必要と考える。

　本グループの児童はまだ語彙数が少ないために，単語のみで話すことが多く，「どうする」といった要素を加えて話すことが未習得である。物の名前に加え，動きの言葉を習得することは，児童の理解できる語彙をさらに増やし，表現力を高め，コミュニケーション能力の向上につながると考える。

2　授業の実際

＜児童の実態＞

　本グループは，小学部1，2年生の計6名で構成されている。言葉の理解については，身近な言葉の指示を聞いて実行できる児童から，言葉だけでは難しく，絵や写真など視覚的な手掛かりが必要な児童までいる。言葉の表出については，どの児童も動きの言葉を用いて話すことは少なく，ジェスチャーを加えて伝える様子もあまり見られない。文字に関しては，平仮名を読み書きできる児童から，平仮名を読むことは難しいが視写ができる児童まで実態は幅広く，個別に支援する必要がある。

— 42 —

第３章　授業改善の過程：学び合う国語・算数数学の指導

＜授業の展開＞

　ビデオ映像を視聴して動きの言葉を学習した後，言葉カードを組み合わせて「名詞を動詞」の文を作り，作った文を発表するというように，学習活動に関連をもたせることで，学習内容への理解が深まるように授業展開を工夫した。

学習活動１　「既習の学習内容を確認する」

・これまで学習した動きの言葉をビデオ映像（児童の日常生活の様子）から探す。

＊ビデオ映像は，児童自身が映っているものを使うことで，これから始まる学習が児童にとって身近な動きの言葉であることを捉えやすくした。

学習活動２　「新しい動きの言葉を知る」

・新出の動きの言葉を，ビデオ映像（指導者がモデル）とプレゼンテーションを視聴して知る。

学習活動３　「言葉カードで文を作る」

・各自で既習や新出の動きの言葉を使って，言葉カードを組み合わせて「名詞を動詞」の文を作る。

　自分で言葉を調べるための工夫 ➡ P.44 へ

学習活動４　「作った文を発表する」

・学習活動３で作った文を言葉と動作で発表する。聞き手の児童は，文と動作が合っているかどうかを評価する。

　児童同士で発表・評価し合うための工夫 ➡ P.46 へ

学習活動５　「個別課題をする」

・動きの言葉について視写やなぞり書き，カードの見本合わせなどの児童に応じた個別課題を行う。

― 43 ―

3 授業の工夫と改善

＜遂行・活用＞自分で言葉を調べるための工夫

学習活動2 新しい動きの言葉を知る

・動きを表しているビデオ映像を見せた後，絵付きの文（「ぼうし」を「かぶる」等）をテレビ画面に提示した。指導者はジェスチャーを交えて絵付きの文を読むようにして，児童が動きの言葉のイメージをもちやすいようにした。

学習活動3 言葉カードで文を作る

| カードを選んで文を作る | 指導者に報告する | 作った文をボードに貼る |

・各自で言葉カードを選んで文を作った後，指導者に報告する場面を設けた。このときに，指導者は児童に文を読むことやジェスチャーをすることを促し，動きの言葉の理解を深めるようにした。

— 44 —

第3章　授業改善の過程：学び合う国語・算数数学の指導

言葉カードと作文ボード

・動きを表した写真を見て，名詞カードと動詞カードを組み合わせて文を作る教材。児童の実態に応じて文字だけのカード，絵付きの単語カードを用意した。

・作文ボードには，語順の手掛かりとして，名詞と動詞の枠に色を付けた。

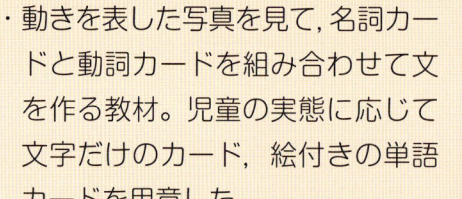
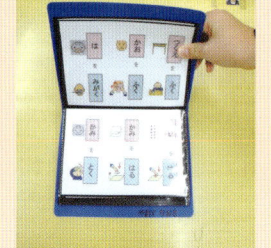

動きの言葉辞典

・作文ボードで文を作る際に，動きの言葉を自分で調べられるように，動きの言葉を使った例文を絵と文字で表しファイリングした。

学習活動3「言葉カードで文を作る」における授業改善の経過

＜課題＞

　文字だけの「言葉カード」では，読んだり意味を捉えたりすることが難しい児童は，指導者に尋ねることもできず，困ることが多かった。

＜改善後＞

・動きの言葉に絵を併記した「動きの言葉辞典」を用意し，当てはまる言葉が分からないときには自分で調べて課題解決を図る学習機会を設けた。**ポイント番号⑥**

・はじめは，児童が分からなくて援助を求めてきたときに「動きの言葉辞典」の存在を知らせ，使い方を教えるようにした。**ポイント番号⑰**

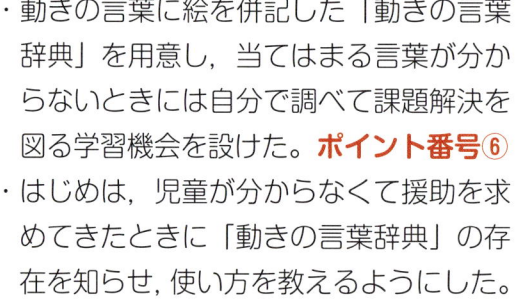

「動きの言葉辞典」を使って調べる

　「動きの言葉辞典」は，最初に使い方を教えて，児童が使い方を覚えたら徐々に指導者の支援を減らしていくようにしました。

＜児童の変容＞

　読めない単語があったときに，自分から「動きの言葉辞典」を取り出し，課題の写真と「動きの言葉辞典」のヒントの絵を対応させて言葉カードを選び，課題解決を図ることができるようになった。

— 45 —

＜協同＞児童同士で発表・評価し合うための工夫

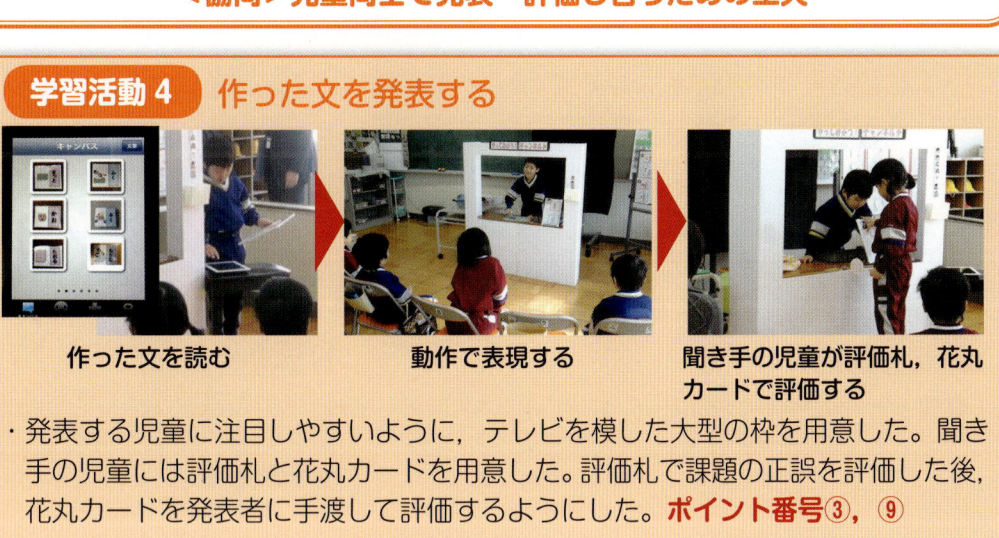

学習活動 4　作った文を発表する

作った文を読む　　動作で表現する　　聞き手の児童が評価札，花丸カードで評価する

・発表する児童に注目しやすいように，テレビを模した大型の枠を用意した。聞き手の児童には評価札と花丸カードを用意した。評価札で課題の正誤を評価した後，花丸カードを発表者に手渡して評価するようにした。**ポイント番号③，⑨**

評価札と花丸カード

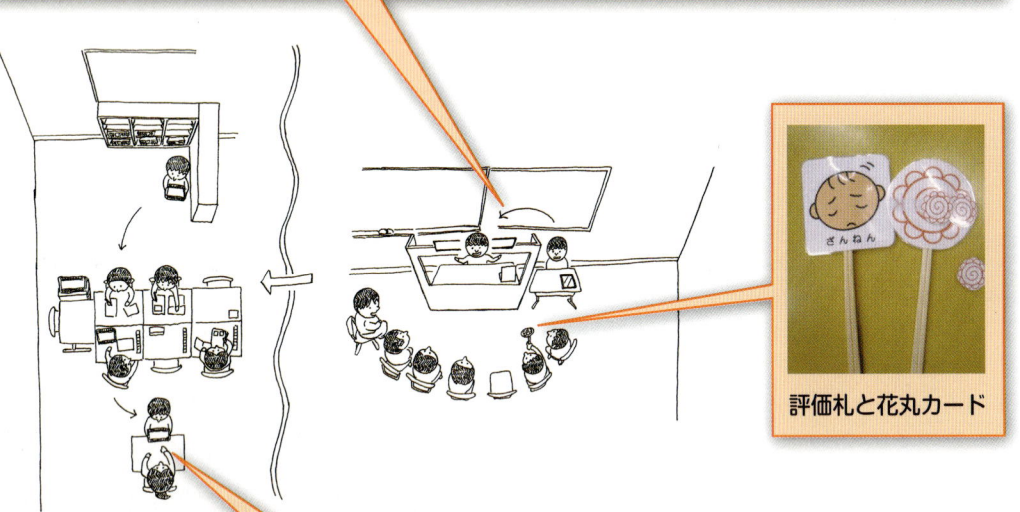

学習活動 5　動きの言葉に関する個別課題をする

課題かごを持って自分の席へ　　各自で取り組む　　指導者と内容を復習する

・スケジュール表を使って自分で課題に取り組んだ。それぞれの課題は１つずつかごに用意し，取り組む順番を色カードや数字カードなどで示した。個別に課題を行った後に，指導者に報告し，１対１で課題内容を復習した。

第3章　授業改善の過程：学び合う国語・算数数学の指導

学習活動4「作った文を発表する」における授業改善の経過

＜課題＞

発表場面では，同じ場所で作った文を読み，小物を使って動作化を行っていたため発表の流れが複雑になり，指導者の指示が必要であった。

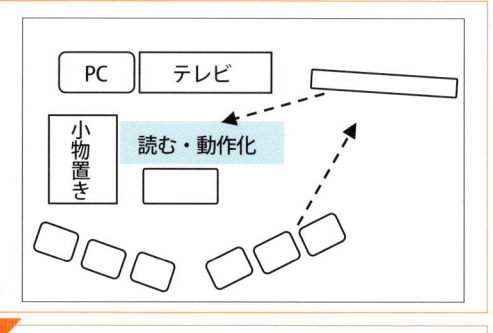

＜改善策＞

・ 文を読む場所，動作化をする場所を分け，児童がどこで何をするかを明確にし，発表の流れがスムーズになるようにした。
・ 文を読む手掛かりとして，タブレット型情報端末のVOCAアプリを用意した。言葉カードと同じ絵と音声を登録しておき，正しい読み方を聞きながら，作った文を読むことができるようにした。

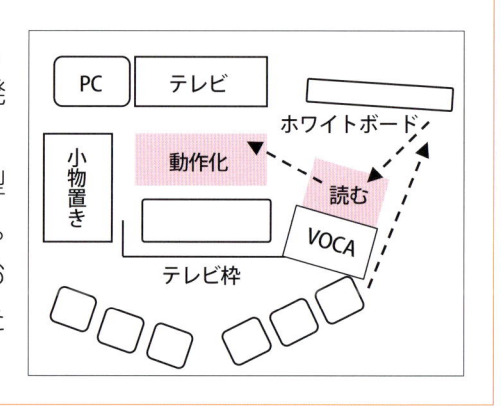

> 「読む」場所と，「動作化する」場所を分けることで，どこで何をするのかが明確になり，児童の発表の流れがスムーズになりました。

＜児童の変容＞

タブレット型情報端末のＶＯＣＡアプリを用いることで，正しい言葉を聞いて自分で正しく読むことができるようになった。また，聞き手の児童は，発表する児童によく注目できるようになり，課題の正誤を伝えることや，「帽子をかぶる，合っています」など，発表者の動作を言葉で表現して評価することができるようになった。

4　まとめ

「動きの言葉辞典」を工夫することで，問題が分からないときに，それを使って児童自ら調べる様子が見られるようになった。作った文を発表する活動では，発表する児童の動線に配慮し，聞き手の児童には，ただ見るだけではなく，花丸カードで評価する具体的な役割を設定した。その結果，発表の流れがスムーズになり，発表者への注目が増えた。授業以外でも，「はさみで切る」など，動きの言葉を使ったコミュニケーションが見られるようになった。

| 実践2 | 小学部高学年　算数科 |

「20より　大きいかずを　かぞえよう」

授業者　**平岡千明・大西祥弘**

1　授業のねらい

【分かる　目的意識】
・100までの具体物を「10のまとまり」と「ばら」にして数える方法を知る。
【動ける　遂行・活用】
・10のまとまりを作るための補助具を使って正確に個数を求めることができる。
【学び合う　協同】
・自分の数え方を発表したり，友達の解答の正誤を確認したりすることができる。

　本題材では，100までの数を10のまとまりを作って数えることの便利さを知り，生活の中で活用する力を育むことをねらいとする。中心的な学習活動として，身近にある具体物を10のまとまりにして袋に入れ，「10がいくつと1（ばら）がいくつ」と数えて，2位数の個数を求める機会を設ける。

　こうした学習活動は，「十の位」と「一の位」の表し方を知り，位取りの仕組みを理解することにつながると考える。具体物を1ずつ数えるよりも10のまとまりを作ることで，数え間違いが少なくなることや，数えた後でも確認しやすいことに気付くことができる。早く正確に数えるための知識・技能として生活に生かせる学習内容である。

2　授業の実際

＜児童の実態＞

　本グループは，小学部4年生1名，5年生1名，6年生2名の計4名で構成されている。どの児童も，10以上の数の表し方を知っており，「なわとび130回」や「200点」など大きな数を使っている。本題材までに，「に，し，ろ，は，とお」，「じゅう，にじゅう，さんじゅう・・・」と2ずつ，10ずつ数唱する学習をしてきた。実際に具体物を数えるときになると，1ずつ数える児童がほとんどで，2ずつ数えることや10のまとまりを作ることを意識できていない。

第3章　授業改善の過程：学び合う国語・算数数学の指導

<授業の展開>

　１０のまとまりを作って「１０が○こと，ばらが△こで，□です」と数える方法を，クイズに答える，身近な具体物を数えて発表するなどの学習活動を設定し，繰り返し経験できるように授業展開を工夫した。

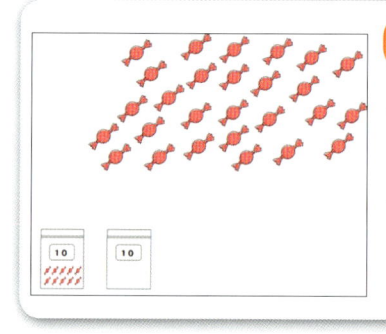

学習活動1 「本時の学習のねらいを確認する」

・多数の具体物を数えているビデオ映像を見て，１０のまとまりを作る必要性を意識する。
・アニメーション使って，１０ずつまとまりを作って数える方法を知る。

> １０のまとまりを作る必要性を意識するための導入の工夫 ➡ P.50 へ

学習活動2 「クイズをする」

・電子黒板を活用し，２０以上の数の物を１０のまとまりとばらで数えて，個数を答えるクイズを行う。

> 児童同士で１０ずつ数える方法を確かめるためのクイズの工夫 ➡ P.51 へ

学習活動3 「具体物を数える」

・各自で１０のまとまりを作るためのアイテムを選択して，お菓子や文房具などの多数の具体物の個数を求める。

> １０のまとまりの作り方や，「十の位」と「一の位」を理解するための工夫 ➡ P.52 へ

学習活動4 「発表する」

・学習活動３で，それぞれの児童が数えた物の個数が合っているかどうかを児童同士で確認する。

> 数えた結果をお互いに発表・評価し合うための工夫 ➡ P.54 へ

— 49 —

3　授業の工夫と改善

学習活動 1　「本時の学習のねらいを確認する」

＜目的意識＞１０のまとまりを作る必要性を意識するための導入の工夫

　授業の導入で，児童が多数の具体物を数えるのに困っているビデオ映像を見せることで，１０のまとまりを作る必要性を意識できるようにした。また，１０のまとまりとばらに分けて数える方法を，電子黒板を使ってアニメーションで説明した。

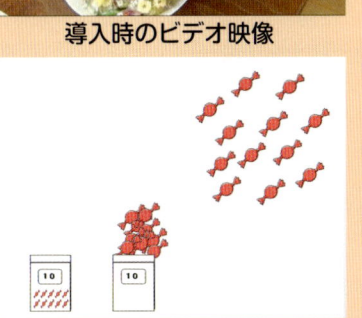

導入時のビデオ映像

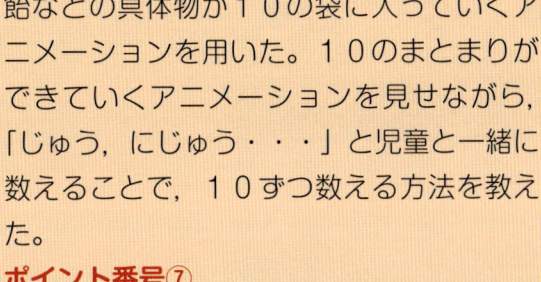

・ビデオ映像を見せた後，「こんなときはどうしたらいい？」と発問し，１つずつ数えていたら，間違えやすく大変であり，１０のまとまりを作ると分かりやすくなることを意識させた。**ポイント番号㉔**

・飴などの具体物が１０の袋に入っていくアニメーションを用いた。１０のまとまりができていくアニメーションを見せながら，「じゅう，にじゅう・・・」と児童と一緒に数えることで，１０ずつ数える方法を教えた。
ポイント番号⑦

１０のまとまりを表した
アニメーション

第3章　授業改善の過程：学び合う国語・算数数学の指導

学習活動 2 「クイズをする」

＜協同＞児童同士で１０ずつ数える方法を確かめるためのクイズの工夫

　電子黒板のタッチパネル機能を使って，クイズの出題と解答の選択を児童が行えるようにした。最初の出題は指導者が行い，出題の仕方，解答する児童の指名の仕方をモデルで示し，その後は児童同士で進めるようにした。**ポイント番号⑨,⑱**

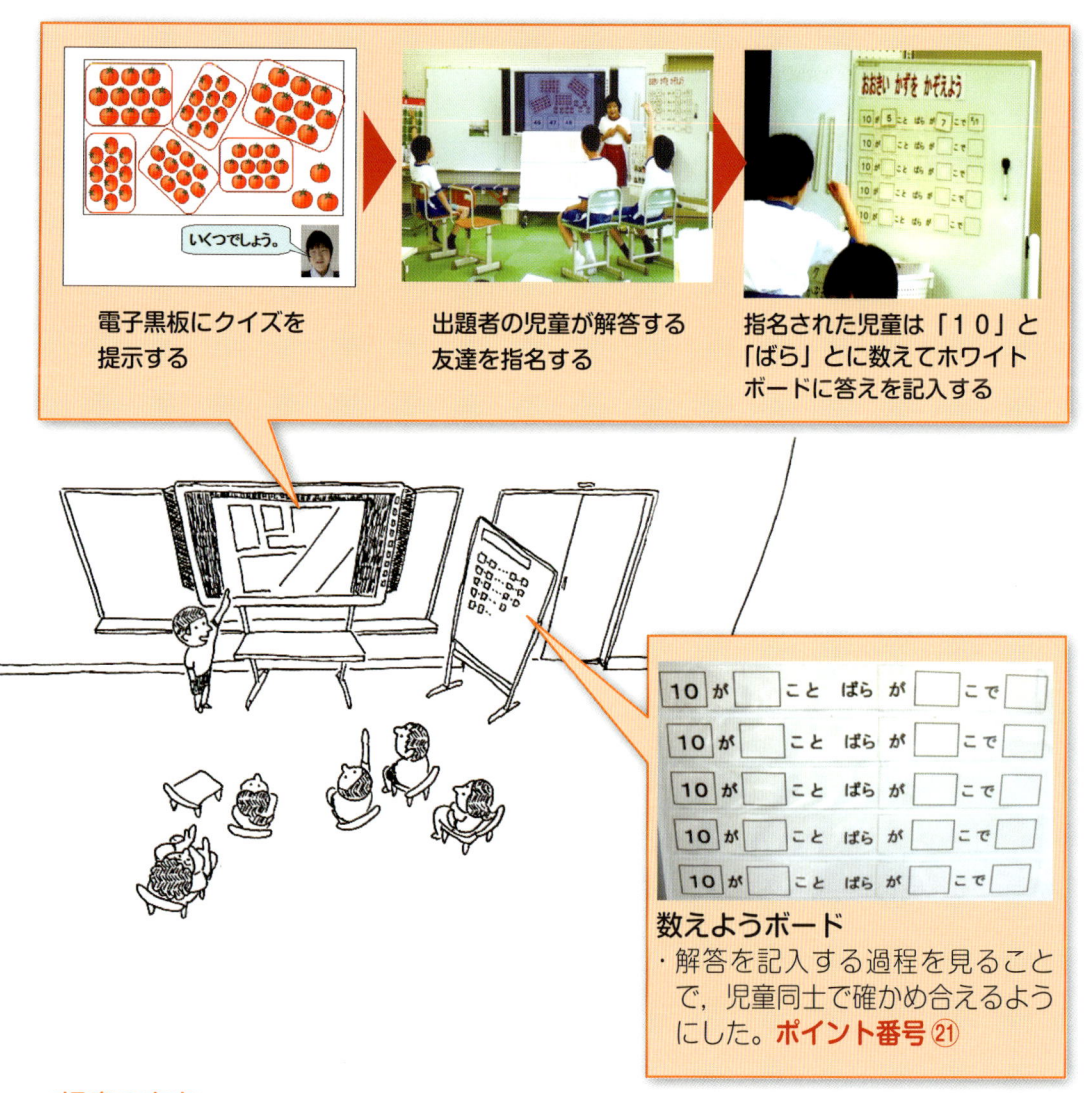

電子黒板にクイズを
提示する

出題者の児童が解答する
友達を指名する

指名された児童は「１０」と
「ばら」とに数えてホワイト
ボードに答えを記入する

数えようボード
・解答を記入する過程を見ることで，児童同士で確かめ合えるようにした。**ポイント番号㉑**

＜児童の変容＞

　自分や友達が１ずつ数えている動画を見て，「１０の袋があったらいい」「１０ずつ数える」等の発言が見られるようになり，学習のねらいを意識して課題に取り組む様子がうかがえた。具体物が袋に入っていくアニメーションを見て「じゅう」と数える様子が見られた。

学習活動 3 「具体物を数える」

＜遂行・活用＞１０のまとまりの作り方や，「十の位」と「一の位」を理解するための工夫

アイテム置き場，１０のまとまりとばらを作る場所，ワークシートを記入する場所，報告場所とを分けることで児童が自分から活動に取り組めるようにした。**ポイント番号⑨**

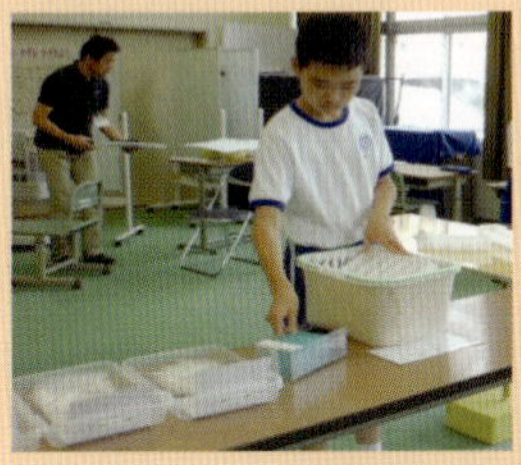

アイテムを選ぶ 　　　　　　具体物を数える 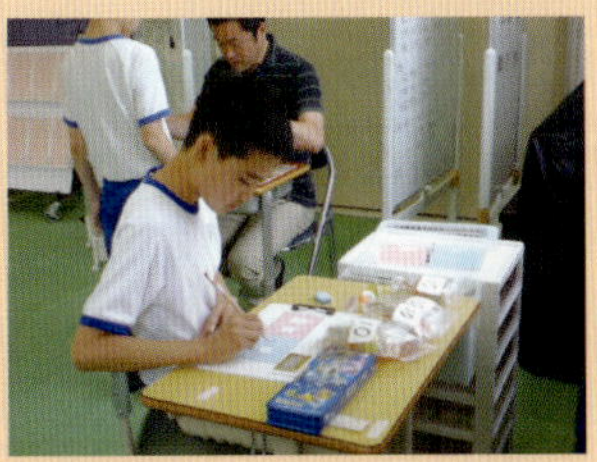　　　　　ワークシートに記入する

・各自で与えられた課題に応じて数えるためのアイテムを選び，具体物を「１０」と「ばら」に分け，ワークシートに合計数を記入し，指導者に報告する。

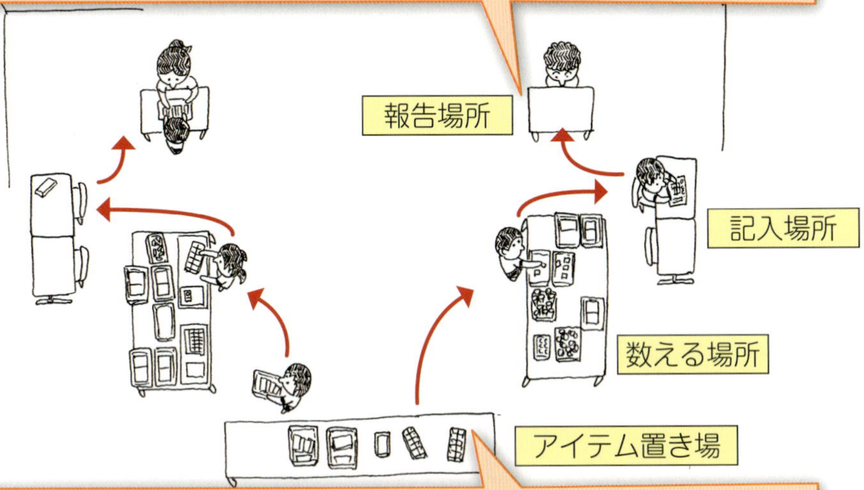

報告場所

記入場所

数える場所

アイテム置き場

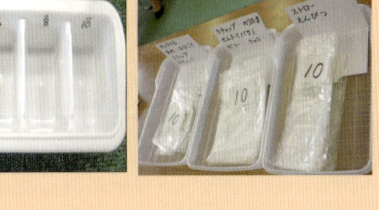

１０のまとまりを作るアイテム

・数える具体物の形状ごとにアイテムを複数用意して，選択できるようにした。

・アイテムと具体物とを対応させ効率的に１０のまとまりを作ることを教えるようにした。**ポイント番号⑤，⑰**

＜児童の変容＞

多数の具体物を数える活動を繰り返すことで，１０の袋とばらを分けてかごに入れることができるようになり，個数を求めて「１０が○こと，ばらが△こ」とワークシートに正しく記入できるようになった。

― 52 ―

第3章 授業改善の過程：学び合う国語・算数数学の指導

学習活動3「具体物を数える」における授業改善の経過

<課題>
　１０のまとまり（袋）とばらの個数を数える際に，「十の位」と「一の位」を混同している児童がいた。

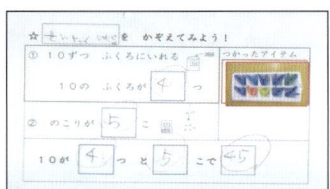

改善前のワークシート

<改善策>
・数えた具体物を入れるかごの底に，「１０」と「ばら」と書かれた色シートを敷いておき，１０のまとまりの袋と残ったばらに分けて置けるようにした。
・ワークシートも同様に，「１０」と「ばら」に色分けしたものを用意し，２位数の個数を求められるようにした。**ポイント番号⑫**

 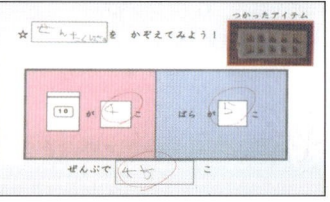

改善後の
ワークシート

　具体物を入れるかごとワークシートの色分けを同じにすることで，位取りを理解しやすくなりました。

さらに発展！

　当初，授業では，お菓子や文房具など，机上で数えられるものに限られていたため，いろいろな場面で活用することをねらって活動機会を見直し，学習内容を発展させていった。

・学校内のスリッパ，図書室の本などを友達と一緒に数える活動機会を設けた。
・授業外で，全校生の給食の牛乳を数えて仕分ける活動に発展させた。**ポイント番号⑥**

　１つの場面だけではなく，１０のまとまりを作って数える方法を活用していろいろな物，場所で数える学習へと発展させることが大切でした。

— 53 —

学習活動 4 「発表する」

＜協同＞数えた結果を児童同士で互いに発表・評価し合うための工夫

学習活動 3 で数えた具体物を互いに評価し合う活動機会を設けることで，児童同士で関わり合いながら知識を深めることをねらった。**ポイント番号②，③**

発表する児童が具体物の
個数を発表する

指名された児童は個数を
確かめて評価する

合っていたら電子黒板に
丸を記入する

発表話型と順番カード

・発表と評価のやり取りの流れを分かりやすくするために，話型をホワイトボードに示し，発表の順番をめくり式の顔写真カードで示した。
  ポイント番号⑧

・最初は，指導者も発表者として参加し，発表や指名の仕方をモデルで示すようにした。
  ポイント番号⑱

第3章　授業改善の過程：学び合う国語・算数数学の指導

学習活動4「発表する」における授業改善の経過

<課題>
　評価する児童は，発表する児童が示すワークシートとかごの中の具体物を照らし合わせて確かめていたが，聞き手の児童には見えにくく形式的なやり取りになりやすかった。

<改善策>
・評価する児童が10の袋と残ったばらを並べて，他の児童も一緒に正誤を確認できるように，確かめボードを用意した。並べた後，評価する児童に合わせて，具体物の個数を全員で数えて確かめるようにした。**ポイント番号⑨**
・電子黒板には，数えた具体物の個数と丸を記入できるように表を用意し，評価の結果を児童同士で確かめ合えるようにした。**ポイント番号⑨，㉑**

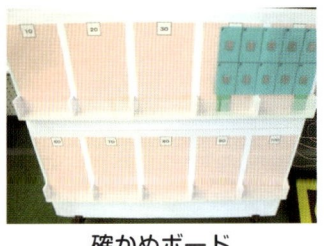

確かめボード

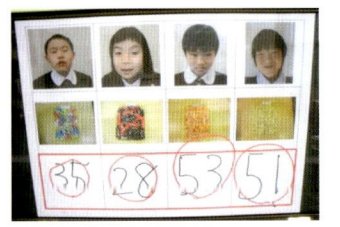

具体物の個数を示した電子黒板

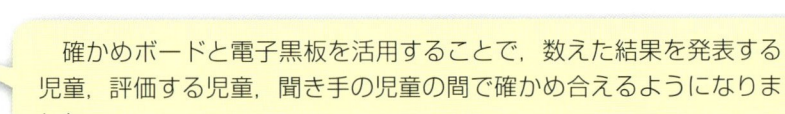

確かめボードと電子黒板を活用することで，数えた結果を発表する児童，評価する児童，聞き手の児童の間で確かめ合えるようになりました。

<児童の変容>
　「チェックお願いします」「○○さん，合っています」と言ったり，友達の欄に丸を記入したりして，やり取りしながら個数を確かめることができるようになった。
　友達が使用したアイテムにも関心を示し，「○○さんは，□□を使っていました」等，発表時に付け加えて伝える様子が見られるようになった。

4　まとめ

　位取りの理解を促すワークシートや，10のまとまりを作るためのアイテムを改善することで学習内容への理解が深まった。また，クイズ場面，発表評価場面を設定し，確かめボードや発表話型などを工夫することで，自分の考えを表現したり，友達の発表に関心を示したりと学び合う姿を実現することができた。数える対象物を多様にし，学習内容を発展させることも，活用する力を育むのに大切であった。その結果，係り活動にも生かすことができた。

| 実践3 | 中学部　国語科 |

「経験したことを伝えよう～思い出カード作り～」

授業者　**山内雅子・本郷佳子**

1　授業のねらい

【分かる　目的意識】
・自分の経験したことを伝える方法を知る。
【動ける　遂行・活用】
・4つのカテゴリーの言葉を使って，経験したことを文に作り，話すことができる。
【学び合う　協同】
・作った文を生徒同士で発表し合うことができる。

　本題材では，「いつ」「どこ」「だれ」「どうした」の4つのカテゴリーで言葉集めをし，分類した言葉を使って学校や家庭で経験したことについての説明文を作る。4つのカテゴリーについては日常よく尋ねられることであり，経験したことの要点を分かりやすく伝えるために大切な要素である。

　自分の伝えたい体験について，これらのカテゴリーを意識して文を作ることにより，要点を分かりやすく伝える力が身に付けることができる。さらに作った文を相手に伝える活動を行うことにより，伝わった喜びを味わうことができる。これらの活動を繰り返すことで，「話す」「書く」などの伝えることへの自信が芽生え，人とコミュニケーションをとることへの意欲につながると考える。

2　授業の実際

＜生徒の実態＞

　本グループは，中学部1年生1名，2年生2名，3年生1名の計4名で構成されている。話すことに関しては，日常的に使う言葉はおおむね獲得しているが，内容に合った言葉が思い浮かばなかったり，言いたいことをうまく整理できなかったりして相手に伝わりにくいことがある。さらに，発音の不明瞭さや相手意識の希薄さ，適切な声の大きさなど，個々の生徒の課題もある。書くことに関しては，自分の書きたい言葉を1文字ずつ平仮名表で確認しながら書く生徒から，視写や聴写により書くことが可能である生徒，なぞり書きの段階の生徒などがおり，実態は様々である。

第3章　授業改善の過程：学び合う国語・算数数学の指導

＜授業の展開＞

　毎回の授業の流れを「ラーニングタイム」「チャレンジタイム」「振り返りタイム」とし，生徒が活動に見通しをもてるようにした。また，「ラーニングタイム」で分類した言葉カードを使って，「チャレンジタイム」で「思い出カード」に文を作り，「振り返りタイム」で発表する，というように学習活動につながりをもたせた。

学習活動1　「本時の学習内容を確認する」

・スケジュールカードと進行台本を使って，生徒同士で授業のスケジュールを確認する。

学習活動2　「ラーニングタイム」
言葉カードのカテゴリー分けゲームをする

・二人一組になって，言葉カード（プール，お母さんなど）を「いつ」「どこ」「だれ」「どうした」の4つのカテゴリーに分類する。

> 指導者主導から生徒同士の学び合いに移行するための工夫 ➡ P. 58へ

学習活動3　「チャレンジタイム」
言葉カードを参考に文を作って書く

・各自の思い出写真の内容に合わせて，学習活動2で分類したカテゴリーから言葉カードを選ぶ。
・言葉カードを参考にして，思い出カードに文を書く。

> 経験したことを思い出し，文を書くための工夫 ➡ P. 60へ

学習活動4　「振り返りタイム」

・学習活動3で書いた「思い出カード」を生徒同士で発表し合う。聞き手の生徒は内容を聞き取る。

> 友達の作った文を正しく聞き取るための工夫 ➡ P. 62へ

3　授業の工夫と改善

学習活動2　「ラーニングタイム」言葉カードのカテゴリー分けゲームをする

＜協同＞指導者主導から生徒同士の学び合いに移行するための工夫

　二人一組で，20枚の言葉カードを「いつ」「どこ」「だれ」「どうした」のカテゴリーに分類する活動を設けた。生徒同士でやり取りしながら課題に取り組むことをねらった。**ポイント番号②**

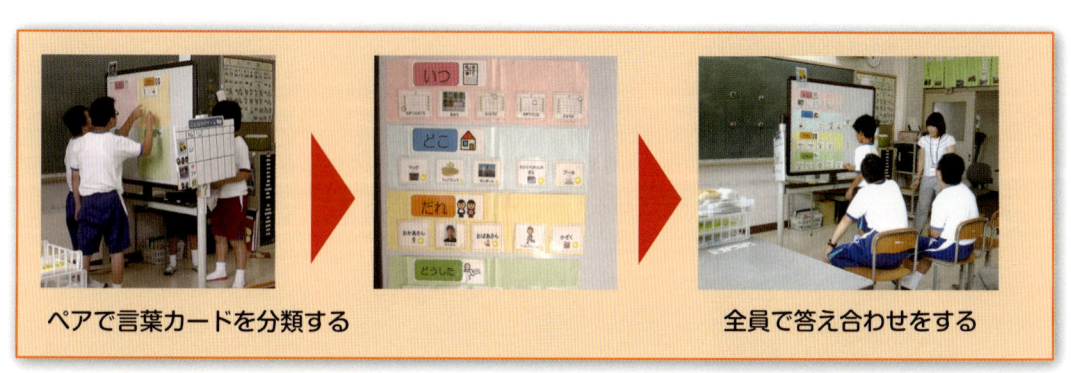

ペアで言葉カードを分類する　　　　　　　　　　　全員で答え合わせをする

・２つのグループの活動場所が明確になるように，ホワイトボードを仕切りとし，表裏をカテゴリー分けの学習に用いるようにした。
ポイント番号⑨

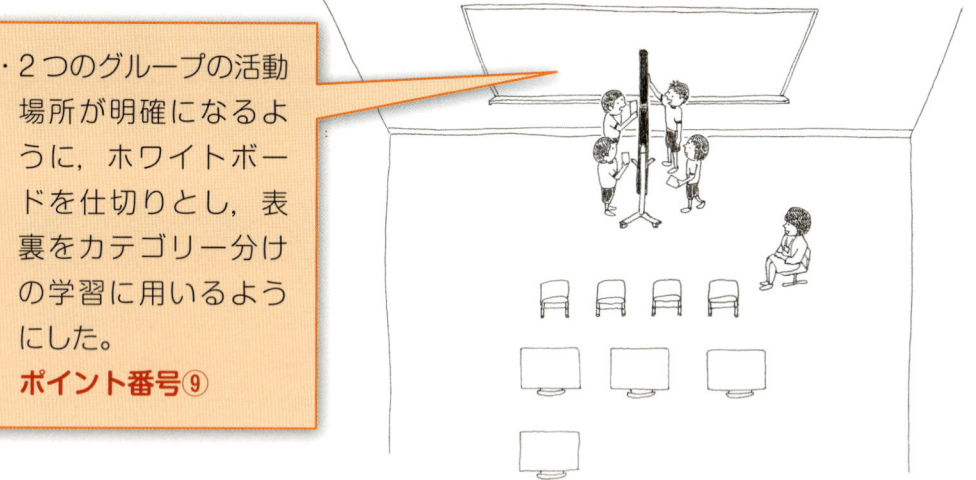

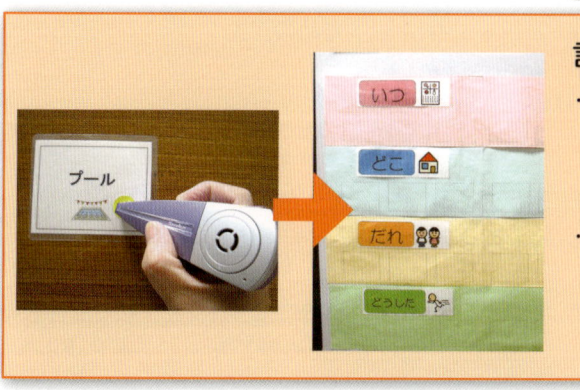

言葉カードと読み上げペン

・言葉カードに貼られたシールを「読み上げペン」で押すと，録音した音声を再生して文字を読み上げる。
・ペンを操作して自分で言葉を再生して聞き，４つのカテゴリーに分けるようにした。**ポイント番号⑫**

第３章　授業改善の過程：学び合う国語・算数数学の指導

学習活動２「ラーニングタイム」における授業改善の経過

> **＜課題＞**
>
> 　指導者が生徒一人一人に言葉カードを示し，「いつ」「どこ」「だれ」「どうした」のカテゴリーに分けるように促して行っていたため，待ち時間が長く，生徒の活動量が少なかった。

＜改善策＞

・言葉のカテゴリー分けを２つのチームによる対戦型ゲーム形式にして，道具の準備や片付け，スタートの合図などを生徒の役割として設定した。
　ポイント番号①

・相手意識が希薄な生徒には，ペアの生徒から言葉カードを受け取り，カテゴリー分けをすることで，やり取りが生じやすくした。
　ポイント番号②

・分かりにくい言葉カードは，読み上げペンを使って，音声を聞き，チームで確認してからカテゴリーに分けるように促した。
　ポイント番号⑫

・活動中，指導者はできるだけ離れた位置で見守るようにし，答え合わせ時に修正を行うようにした。
　ポイント番号③，⑲

協力してゲームの準備をする

やり取りしながら言葉カードを分ける

　学習活動をゲーム形式にして，道具の準備や片付け，進行などの役割を生徒に移行していくことで，活動量を増やすことができ，学びを深めることができました。

＜生徒の変容＞

　生徒同士で言葉カードを受け渡ししながらカテゴリー分けの課題に取り組めるようになった。また，生徒同士で話をしながら答えを探したり修正したりする姿が見られるようになった。

学習活動 3 「チャレンジタイム」言葉カードを参考に文を作って書く

＜遂行・活用＞経験したことを思い出し，文を書くための工夫

　各自でカテゴリー分けされた言葉カードの中から，自分の思い出写真に合ったものを選び，「いつ」「どこ」「だれ」「どうした」の順に「作文カード」の台紙に並べて文を作り，それを参考に「思い出カード」を書くようにした。

カテゴリー表

・学習活動２で「言葉カード」を４つのカテゴリーに分類したもの。作文カードに文を作るための選択肢にした。

タブレット型情報端末の筆順アプリ

・筆順が色で示され，指でなぞって確認することができる。
・書きにくい文字については，アプリで確認してから文字を書くようにした。

作文カードと思い出カード

・作文カードには，自分の思い出写真に関係する「言葉カード」をカテゴリー表から選んで並べる。
・思い出カードには，作文カードに並べた言葉カードを基に文を書く。

ポイント番号⑫，⑭

作文カード　　　　　思い出カード

— 60 —

第3章　授業改善の過程：学び合う国語・算数数学の指導

学習活動3「チャレンジタイム」における授業改善の経過

＜課題＞

　経験した出来事を「思い出カード」にまとめて書く活動で，学習活動2で作成したカテゴリー表の中の言葉をどのように活用したらよいのか分からず，指導者に尋ねる生徒が多かった。

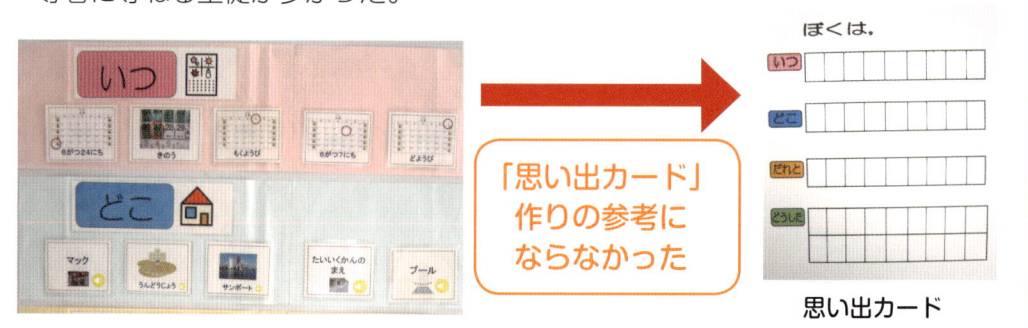

思い出カード

＜改善策＞

・カテゴリー表から言葉カードを選んで「作文カード」の台紙に並べて，それを基に「思い出カード」を書くようにした。

・カテゴリーの見出しに同じ色を用いることで，カテゴリーごとに選びやすく，書きやすくした。**ポイント番号⑫，⑭**

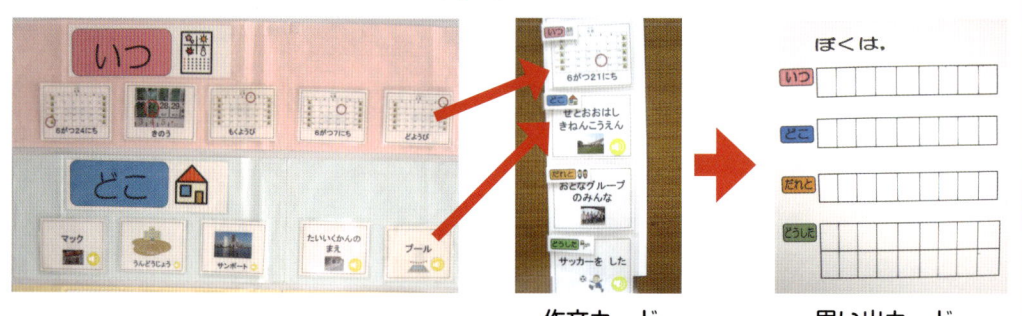

作文カード　　　　　　　　　思い出カード

　学習活動2の結果（言葉のカテゴリー分類）を次の学習活動3へと生かす授業展開がポイントでした。また，作文カードと思い出カードの見出しの色を合わせることで，生徒が参照しやすくなりました。

＜生徒の変容＞

　言葉カードを並べた「作文カード」を自分で確認しながら「思い出カード」に正しく文が書けるようになった。文字を丁寧に書こうと意識する生徒が増え，文字の形が少しずつ整ってきた。

— 61 —

学習活動 4 「振り返りタイム」

＜協同＞友達の作った文を正しく聞き取るための工夫

　友達の作った文の内容を知り，関心をもって応答するために，作った「思い出カード」を互いに発表し合い，内容を聞き取る活動を設けた。

発表時に気を付けるルール

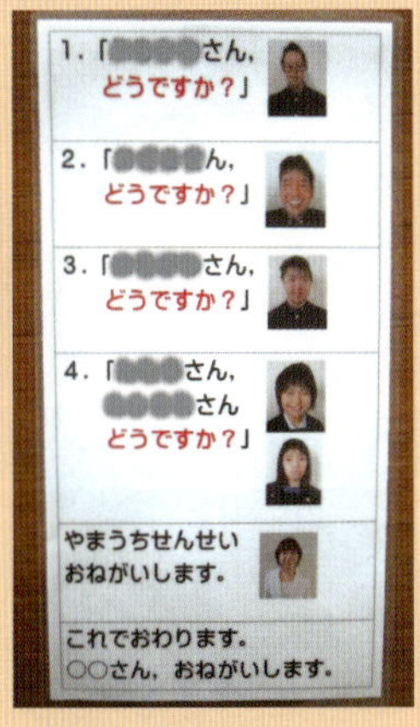

くちをあけて
はっきり

ゆっくり

おおきなこえ

発表台本
・作文を発表した後，どの順番で友達に評価を求めるのかを示すようにした。

1.「〇〇〇〇さん，どうですか？」
2.「〇〇〇〇ん，どうですか？」
3.「〇〇〇〇さん，どうですか？」
4.「〇〇〇さん　〇〇〇〇さん　どうですか？」
やまうちせんせい　おねがいします。
これでおわります。
〇〇さん，おねがいします。

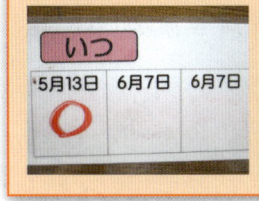

発表内容を聞き取るためのワークシート
・内容を聞き取ることに集中できるように，発表内容に応じた選択肢を用意し，聞き取った内容に丸を記入するようにした。**ポイント番号⑭**

＜生徒の変容＞

　発表者は，話し方に気を付けたり，読み上げペンを使ったりして，相手に伝えることがスムーズにできるようになった。聞き手の生徒は，友達の思い出カードの発表をただ聞くだけではなく，カテゴリーごとに選択肢を用意し，聞いた内容に丸を付けるようにしたことで，友達の発表に興味をもつ様子が見られた。

第3章　授業改善の過程：学び合う国語・算数数学の指導

4　まとめ

　言葉をカテゴリーに分ける学習では，指導者主導で行う授業スタイルから，ペアでの学習を導入した。結果，学習内容に関わる活動量が増え，生徒同士で答えを確認し合う様子が見られるようになった。文を作る学習では，カテゴリー分けした言葉の中から，使用する言葉を選び「作文カード」の台紙に並べるステップを設けることで，文を書くときの手掛かりとして活用しやすくなった。発表場面では，聞き手の生徒に発表内容をメモするための視覚的な手掛かりを用意することで，発表者への関心をもたせることができた。

ICT 機器を活用する

武蔵博文

　授業を進める上で，ICT 機器の活用は欠かせなくなった。大型の液晶テレビや電子黒板，パソコン，デジカメ，さらに，タブレット型・携帯型情報端末などである。

　授業全体の手掛かりとして，みんなで活動内容を知って取り組むために，また，その結果や成果を共有するのに活用できる。個別に内容や手順を確認したり，自分の記録を取ったり，報告や発表するときの補助としても効力を発揮する。

　学校を卒業したら使わないのではという声も聞く。今後の社会では情報化は確実に進展する。見たことも使ったこともないという情報弱者にしてはならない。

　ICT 機器の利用の仕方を見ていると，ときに変な使い方に遭うことがある。

　その1：文字ばかりの画面。「絵を探す時間がなかったので，とりあえず文字を入れました。」ICT 機器の利点は，画像や映像が使えることである。部分を強調したり，やり方を動きで示したりできる。もちろん，文字や文を読む方が分かりやすい子もいる。児童生徒の特性に合ったものを準備したい。

　その2：スワイプ（指先を画面上ですべらせる操作）で体験。「画面をスワイプして体験するようにしました。」情報端末には，タップ，スワイプ，ピンチなどの便利な操作がいくつもある。果たして，スワイプで体験したことになるだろうか。実物に接し触れて分かる，具体物を自分で操作して体得することが基本であり大事にしたい。

　その3：ビデオで発表。「発表をビデオに撮り，皆で録画を見て振り返りました。」途中の経過や，よく取り組んだところ，注意すべき点をビデオに撮って，授業の中で振り返るのはよい使い方である。ただし，成果の発表はみんなの前で直接に行う方が高い効果を生む。児童生徒の遂行を引き立てるように活用したい。

| 実践4 | 中学部　数学科 |

「長さをはかろう〜『体のものさし』を使って〜」

授業者　**細川典子**

1　授業のねらい

【分かる　目的意識】
・場面に応じた長さのはかり方を知ることができる。
【動ける　遂行・活用】
・「体のものさし」や計器を使っていろいろな物の長さをはかり比較することが
　できる。
【学び合う　協同】
・友達と協力して長さをはかったり，課題の正誤を確かめたりすることができる。

　本題材では，「長さ」に関する基本的な知識・技能の定着を図るとともに，自分の体のサイズ（手の大きさ，両手を広げた長さ，1歩の長さ）を「体のものさし」という定規として捉え，「体のものさし」を使って測定することに取り組む。
　「長さ」は，日常でよく使う言葉「長い・短い」「高い・低い」「厚い・薄い」などの表現と密接な関係にあり，こうした概念の形成や基本的な内容の理解は生活を営んでいく上で重要と考えられる。計器を用いて正確に計測する，計器がなくてもおよその長さを求められるという経験を重ねることで長さの量感を身に付け，実生活に活用しようとする意欲を高められると考える。

2　授業の実際

＜生徒の実態＞

　本グループは中学部1〜3年生の計5名で構成されている。どの生徒も絵図を見て長さを比較する問題を理解できているが，物の長さの単位や定規を使って計測することは，一人一人の個人差が大きい。定規を選んで適切にはかることができる生徒から，定規の扱い方一つ一つに指示を必要とする生徒までいる。日常生活の中で「遠い・近い」，「長い・短い」ということを体感する機会はあるものの，その長さがどのくらいかを数値と結び付けて感じ取るまでにはいたっておらず，学習と生活をつなげる工夫が必要である。

第3章　授業改善の過程：学び合う国語・算数数学の指導

＜授業の展開＞

　1時間の授業を大きく3つに分けた。既習内容を確認し，その時間の課題の解決方法を学ぶ「ウォーミングアップタイム」，次にグループで協同して課題に取り組む「がんばりタイム」，最後に分かったことを確認し合う「振り返りタイム」とし，授業の見通しをもてるようにした。

学習活動1　「ウォーミングアップタイム」
長さのクイズをする

・長さに関する基礎的な内容（長さの単位，目盛りの読み取り，はかり方）をクイズ形式で学習する。

生徒同士で問題を出し合うための工夫 ➡ P.66 へ

学習活動2　「がんばりタイム」
「体のものさし」を使って問題を解く

（1）2つのグループに分かれて，本時の課題を知る。（例えば，長机とドアの長さをはかる）
（2）グループで「体のものさし」（手の大きさ，両手を広げた長さ，1歩の長さ）を使って，対象物の長さを予想する。
（3）巻尺を使って実測し，予測の結果と比べる。

協同して課題を解決するための工夫 ➡ P.68 へ

学習活動3　「振り返りタイム」

（1）ワークシートで，グループ活動（使用した「体のものさし」，予測と実測結果）を振り返る。
（2）グループ活動の様子のビデオ映像を見て，長さのはかり方を復習し，「体のものさし」の便利さを知る。

学習内容への理解を深める振り返りの工夫 ➡ P.70 へ

— 65 —

3　授業の工夫と改善

学習活動 1　「ウォーミングアップタイム」長さのクイズをする

＜協同＞生徒同士で問題を出し合うための工夫

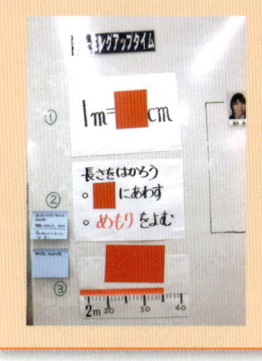

出題用ホワイトボード
・長さに関する基礎的な問題（長さの単位，はかり方，目盛りの読み取り）をホワイトボードに提示した。出題する生徒が問題を読み上げて，全員の答えが出そろったら，紙をはがして正答を示した。**ポイント番号②**

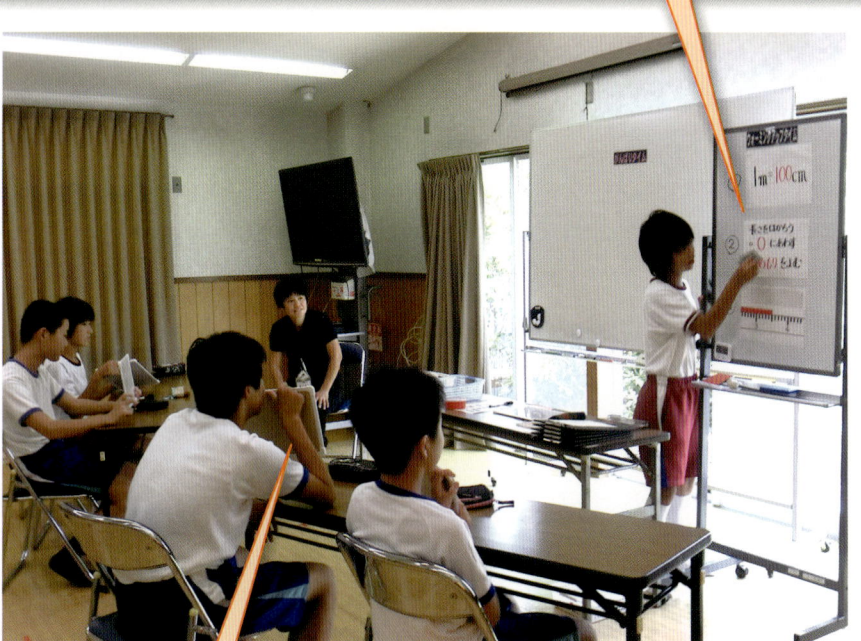

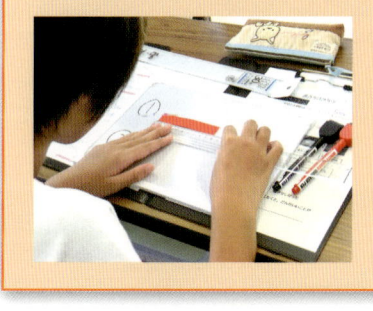

解答用ホワイトボード
・解答する生徒には，小型のホワイトボードを各自に用意した。問題の解答を記入して出題する生徒に見せ，示された正答を見て，自分で答え合わせを行った。**ポイント番号⑭**

第3章　授業改善の過程：学び合う国語・算数数学の指導

学習活動1「ウォーミングアップタイム」における授業改善の経過

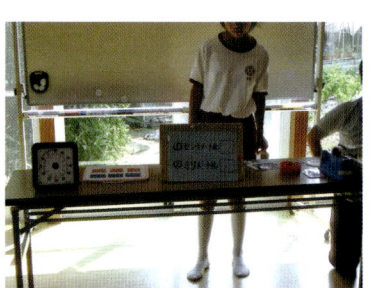

＜課題＞

　めくり式のカードで問題を出していたが，手順が多いため，他の生徒の待ち時間が長かった。また，生徒同士で正誤を確認するだけで，正解に対する達成感をもったり，間違いの理由に気付いたりすることが難しかった。

めくり式のカードによる出題

＜改善策＞

・出題方法をめくり式のカードから，ホワイトボードの紙をはがして正答を提示するだけの手順にすることで，テンポよく学習が進むようにした。
ポイント番号⑨

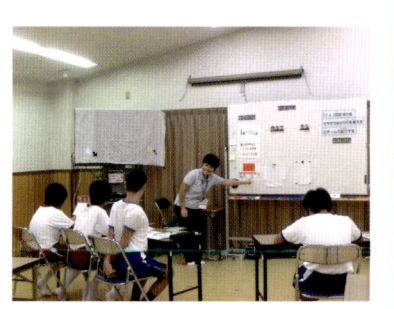

・生徒間で理解度に差がある目盛りの読み取りの問題については，生徒同士の答え合わせの後で，指導者が正誤を最終確認することで，全員の理解が深まるようにした。
ポイント番号⑳

指導者による正誤の最終確認

　生徒同士の確認では，生徒の解答と，問題の正答をしっかりと確かめることがポイントでした。生徒同士の答え合わせの後に，指導者が目盛りの読み方について説明を補うことが大切でした。

＜生徒の変容＞

　指導者の声掛けがなくても，自分から問題を解いて，出題する生徒に解答を伝えるなど，生徒同士で学び合う姿が増えてきた。また，目盛りの読み取り問題につまずきが見られた生徒の正答が増えてきた。

学習活動 2 「がんばりタイム」「体のものさし」を使って問題を解く

＜遂行・活用＞＜協同＞協同して課題を解決するための工夫

　グループに分かれて，身近な物の長さを「体のものさし」（手の大きさ，両手を広げた長さ，1 歩の長さ）を使って予測した。はかる対象物や，はかり方の手順，計算方法などをミッションボードに視覚的に示した。

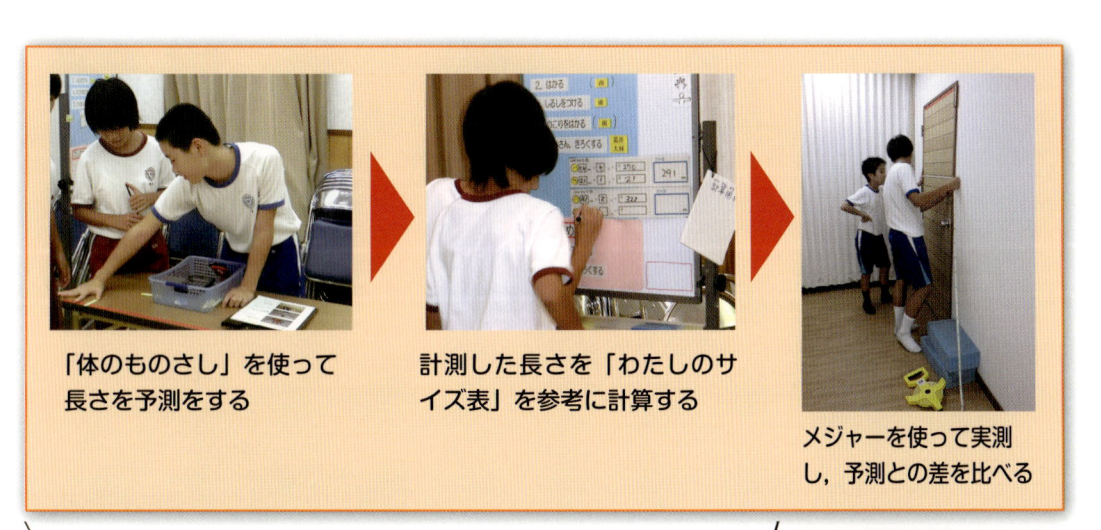

「体のものさし」を使って
長さを予測をする

計測した長さを「わたしのサイズ表」を参考に計算する

メジャーを使って実測し，予測との差を比べる

わたしのサイズ表

第3章　授業改善の過程：学び合う国語・算数数学の指導

学習活動2「がんばりタイム」における授業改善の経過

＜課題＞

「体のものさし」を使って長さを予測していたが，何をはかるのか，どのような手順ではかるのかを十分理解できておらず，指導者の声掛けが必要であった。

＜改善策＞

・グループごとにミッションボードを用意して，計測の手順（予想→計算→確かめ）を示した。「計算シート」に計測結果を記入するようにした。**ポイント番号⑦，⑩**

・計測の過程を確かめられるように，使用した「体のものさし」とその長さ，いくつ分あるかを「計算シート」に記録するようにした。

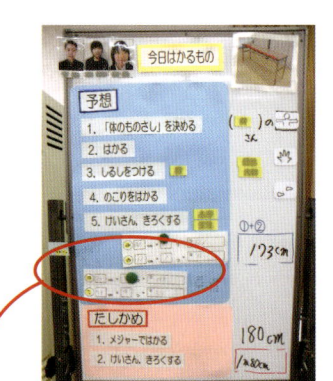

計測手順のミッションボード

（　　　　）ものさし，○ cm ×△つ ＝ □ cm

・「体のものさし」を組み合わせて計測することで，より実測に近づく方法を教えた。

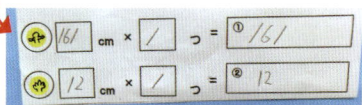

長さを求めるための計算シート

「体のものさし」シール

　ミッションボードに，手順と結果をまとめて示すことで，一人一人が課題の内容や手順を理解して，互いに協力することに注意が向くようになりました。

＜生徒の変容＞

「体のものさし」や巻尺を使った計測では，友達と協力して「端に合わせて」「押さえてください」と声を掛けながら，長い物を正確に計測することができるようになった。また，別の計測方法を考えて，どちらが正確で効率が良いかを相談する場面も見られた。

学習活動3　「振り返りタイム」

<＜目的意識＞学習内容への理解を深める振り返りの工夫>

　ワークシートには，「体のものさし」を選んだ理由を記入する欄を設けた。活動の様子をビデオ映像で見せながら，長さのはかり方を復習し，「体のものさし」の活用の仕方について理解を深めるようにした。

振り返り用ワークシート

<生徒の変容>

　課題ごとに予測と実測の誤差の範囲（例えば２０cm以内）を示すことで，正解を判断しやすくなり，自分で○を付けるなど，正しくはかれたことを喜ぶ姿が見られた。

4　まとめ

　体の一部分の長さを基準に，長机やロッカーなど，長さをはかりにくい物の長さをはかる活動を積み重ねることで，長さの量感を身に付けることができた。場面に応じた「体のものさし」や計器で計測することから，「体のものさし」を組み合わせて計測すること，「靴箱は壁の幅に入るか？」といった２か所の計測を比べることに発展させた。授業以外でも「ここから教室までどのくらいかな？」と歩幅で求めようとする生徒もいて生活場面に少しずつ応用している様子がうかがえた。

「根拠に基づく教育実践」を実現するために

惠羅修吉

　これからの学校における教育実践では，教員自らの経験則や直感，あるいは先輩教員や権威ある者の（根拠なき）言説に依拠するのではなく，客観的な情報や確かな知見に基づいた理論的根拠を意識して支援計画を作成し，実行することが求められている。このような「根拠に基づく教育実践」を実現するために，心理学はいかなる貢献ができるのか，教育に関わる心理学者の私にとっては大きな課題である。特に特別支援教育は，医療ならびに医学的知見との関わりが強く，教育・支援の根拠を示すことが重要になっている。

　とはいえ，「根拠に基づく教育実践」を実現するのは，そう容易いことではない。今日，特別支援教育に関する書籍や雑誌，あるいはインターネット上の関連サイトでは，多種多様な教材・教具，ICT 機器やアプリなど，大量の情報が提供されている。学校で独自に作成した教材・教具をホームページで紹介している特別支援学校も少なくない。情報提供が多くなればなるほど，良質な情報の見分け方が重要になってくる。

　医療保健に関わる領域では，例えば，医薬品（薬）とサプリメント（サプリ）は，似ているが区別されるものである。薬は，一定の臨床試験（治験）を経て，科学的根拠に基づいて公的に認可を受けたもので，効果・効能だけではなく，服用方法・期間，服用量，副作用などを記載する必要がある。一方，サプリは，何らかの栄養成分が含まれた補助食品であり，その効果・効能を表明することができない。教育において，これから必要なことは，薬のような教材・教具・ツール・アプリを開発することではなかろうか。つまり確かな治験（実証研究）を基盤として，どのような対象に対して，どのような期間・頻度，どのような導入の仕方をすれば，どのような効果が期待できるのか，またどのような点に配慮が必要か，ということを含めた情報提供が価値あるものとなるであろう。

　教育には治験に相当するようなシステムはない。これに近いものは，学会誌の研究論文であろう。学会誌の論文査読は，良質なものを継承するシステムであるともいえる。ICT 機器やアプリの活用など，広く関心をもたれている分野であるが，開発が先行して，教育効果の実証研究に乏しい。『特殊教育学研究』『LD 研究』『教育心理学研究』など学会誌をみれば，実証研究が進んでいるとは言いがたい状況にある。もちろん，教育的な効果の研究にどれだけの厳密性を求めるのか等，コンセンサスを形成する必要があり，直ぐに教育における治験が成り立つわけではない。検証するシステムの確立は将来の課題である。今われわれが意識してしなければならないことは，教育実践を報告する際に，その効果に関する根拠を提供するように努めることである。どのような情報を提供すれば，次の実践に活かしやすいか，考えてみよう。

| 実践5 | 中学部　数学科 |

「およその金額で考えて買い物をしよう！～ICカードを使って～」

授業者　**植村伊裕・田中伸弥**

1　授業のねらい

【分かる　目的意識】
・概算の仕方を知る。ICカードを使った買い物のよさを知る。

【動ける　遂行・活用】
・およその金額で考えたり，ICカードを使ったりすることができる。

【学び合う　協同】
・概算の仕方や買い物の仕方を生徒同士で協力して考えることができる。

　本題材は，およその金額で考えて買い物をする学習である。概数を用いることで金額の大きさが捉えやすくなり，計算が簡単になる。その結果，合計金額の見通しを立てたり，買い物の予算を立てたりすることができるようになる。

　さらに，ICカードを使った支払いを取り入れる。ICカードは，現金を持ち歩く必要がなく，電車やバス，買い物などで利用するものである。ICカードを有効に使うことで行動の範囲が広がり，社会への参加を高めることができる。また，およそいくらぐらいと見積もって多めに入金することから，概算の学習と合わせて行うことでカードの仕組みの理解が進むと考える。

2　授業の実際

＜生徒の実態＞

　本グループは，中学部1年生2名，2年生1名，3年生2名の計5名で構成されている。これまでの金銭の学習で，ちょうどの金額を支払ったり，500円や1000円で支払ってお釣りをもらったりすることができる。しかし，いくつかの商品を買うとき，計算に時間が掛かったり，予算を超えてしまったりしていた。ICカードは，使った経験のある生徒はいないが，保護者の中には，使わせたいという希望がある。計算は，3桁までの筆算が確実にできる生徒から，繰り上がりのある2桁の足し算につまずく生徒とその実態差は大きい。

第3章　授業改善の過程：学び合う国語・算数数学の指導

＜授業の展開＞

　１０円単位を切り上げる概算をゲーム形式で行った後，「プレゼントを買う」という買い物の学習を行った。グループで予算内で買うことができる品物を選ぶ計画を立てた。ＩＣカードを利用し，残高やチャージ（入金）の仕組みを学べるようにした。

学習活動1　「本時の学習内容を確認する」

・進行役，号令，スケジュール確認など，生徒同士で役割を分担して授業を進める。

学習活動2　「ウォーミングアップタイム」切り上げゲームをする

＜ゲームの流れ＞
・司会役の生徒が，予算カードを引く。
・他の生徒は商品カードを引いて，書かれている値段を切り上げる。
・商品カードは２回引くことができ，切り上げの合計が予算カードの値段と同じなら，得点がもらえる。

生徒同士でやり取りしながらゲームを進めるための工夫 ➡ P.74 へ

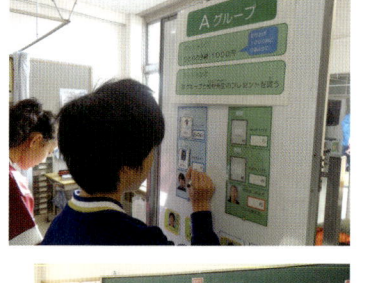

学習活動3

「チャレンジタイム」買い物の練習をする

・２つのグループに分かれて，買い物ごとの担当を決める。
・買い物の合計金額を概算で求める。
・ＩＣカードにお金をチャージする。
・品物を選ぶ。
・ＩＣカードを使ってお金を支払う。

習得した概算の仕方を活用するための工夫 ➡ P.75 へ

学習活動4　「振り返りタイム」

・予算や実際の合計金額を「お金の数直線」に表し，友達の買い物結果と比較する。
・買い物を計画したときのグループの話し合いの様子を映像で振り返る。

友達の発表に注目し，評価するための工夫 ➡ P.77 へ

— 73 —

3 授業の工夫と改善

学習活動2 「ウォーミングアップタイム」切り上げゲームをする

＜協同＞生徒同士でやり取りをしながらゲームを進めるための工夫

概算を意欲的に学べるように，「切り上げゲーム」を設定した。ゲーム進行の役割，切り上げの結果などを視覚的に分かるように支援環境を工夫した。**ポイント番号⑩, ⑪**

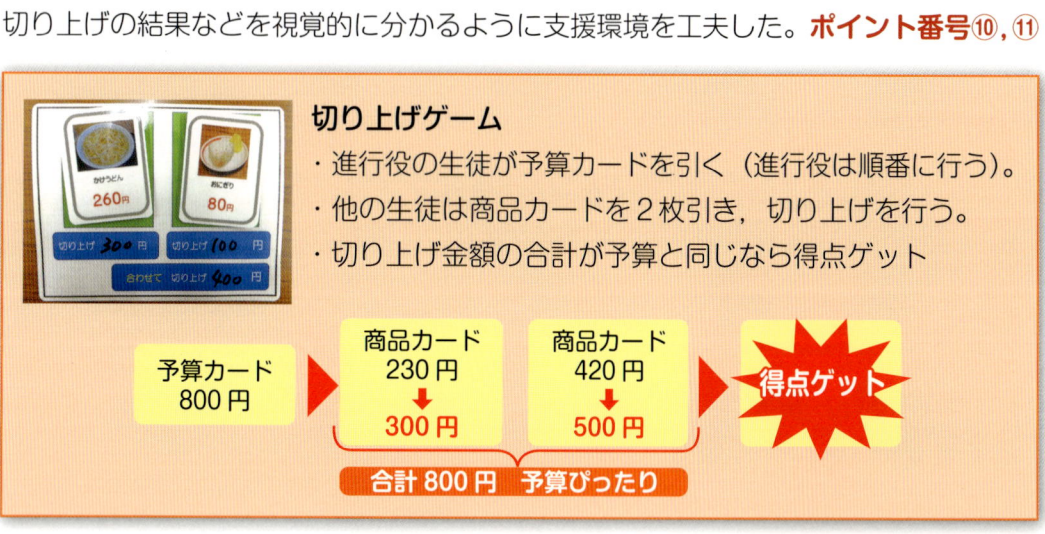

切り上げゲーム

・進行役の生徒が予算カードを引く（進行役は順番に行う）。
・他の生徒は商品カードを2枚引き，切り上げを行う。
・切り上げ金額の合計が予算と同じなら得点ゲット

| 予算カード
800円 | ▶ | 商品カード
230円
↓
300円 | 商品カード
420円
↓
500円 | ▶ | 得点ゲット |

合計800円　予算ぴったり

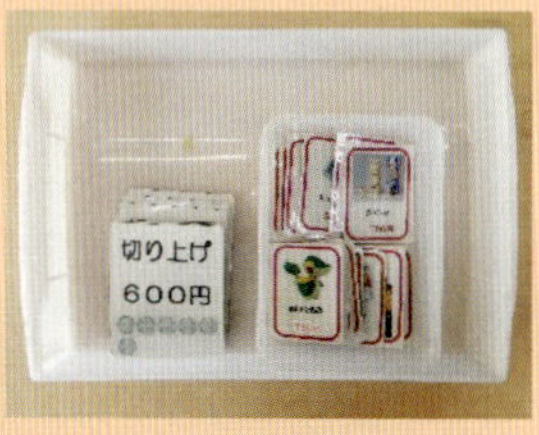

ゲームの手順・得点表
・ホワイトボードに切り上げゲームの手順や，得点表を掲示した。
ポイント番号⑪

切り上げゲームカード
・ゲームに使うカード等をトレイに入れるようにすることで，準備片付けができるようにした。
ポイント番号⑩

— 74 —

第3章　授業改善の過程：学び合う国語・算数数学の指導

学習活動3　「チャレンジタイム」買い物の練習をする

＜遂行・活用＞習得した概算の仕方を活用するための工夫

　グループに分かれて，プレゼントを買う活動を設定した。誰のプレゼントを買うのかを分担し，プレゼントの金額を概算で求めて確かめるようにした。また，ＩＣカードへの入金，品物を選ぶ場所，支払いなどの場所を分けることで活動を分かりやすくした。**ポイント番号⑨**

ＩＣカードにチャージし，支払う
・ＩＣカードとカードリーダー（自作）を用意し，入金や支払いができるようにした。入金金額や残高が確認できるようにテレビ画面に映し出した。**ポイント番号⑭**

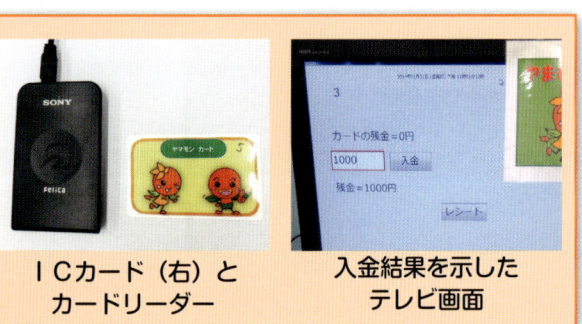

ＩＣカード（右）と
カードリーダー

入金結果を示した
テレビ画面

支払い　　入金

買い物計画　　　買い物計画

売り場

買い物の計画を立てる
・2つのグループに分かれて，司会役の生徒の進行で，買う物の分担，概算，合計金額の計算を行った。
ポイント番号①，②

— 75 —

学習活動3　「チャレンジタイム」における授業改善の経過

> **＜課題＞**
>
> 　買い物の計画を立てる際に，友達の活動内容が分かりにくく，個別で活動することが多くなり，学び合いが深まらなかった。また，別のグループの買い物に興味がもてず，課題に対する意欲が持続しなかった。

＜改善策＞

・グループ内でのやり取りが増えるように，司会進行，課題の分担役（誰のプレゼントを買いたいか希望を聞く），計算の得意な生徒に概算結果の確認役と，生徒に合わせて役割を設定した。**ポイント番号①**

司会用の携帯情報端末

・生徒同士で課題が進められるように，司会の生徒には，司会原稿を登録した携帯情報端末を用意しておいた。**ポイント番号⑫**

・互いにアドバイスしたり確認したりできるように，グループごとにミッションボードを用意して各生徒が買う物や買い物の概算結果をまとめて掲示した。
ポイント番号⑪

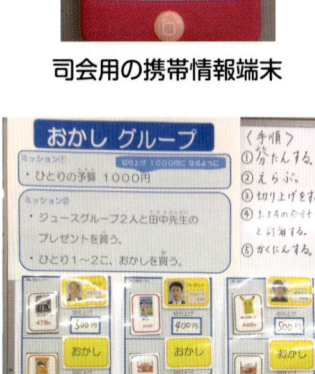

買い物のミッションボード

> 　役割を分担することで，「○さん，△お願いします」等，役割を媒介としたやり取りを促すことができました。また，生徒同士で評価を行うには，互いに確かめ合えるように，課題の結果を視覚的に示すことが有効でした。

＜生徒の変容＞

　自分の役割を果たすことで，グループ内にやり取りが増え，友達との関わり合いながら意欲的に活動するようになった。隣で活動している友達の様子を見てアドバイスしたり，自分の概算の仕方に取り入れたりする姿が見られた。

第3章 授業改善の過程：学び合う国語・算数数学の指導

学習活動4 「振り返りタイム」

＜協同＞友達の発表に注目し，評価するための工夫

　買い物の結果を「お金の数直線」上に表し，予算内で買うことができたかを，友達の結果と比較をしながら確認した。グループごとに予算の見積もりと買い物の結果を発表して活動の振り返りを行った。**ポイント番号㉑**

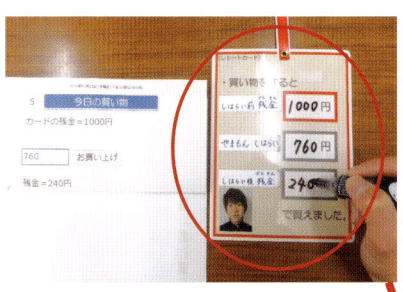

実際の買い物の結果を記入する

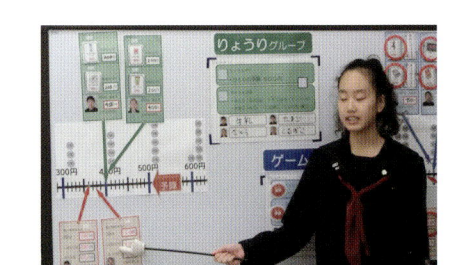

グループごとに，見積もりと
買い物の結果を発表する

お金の数直線

・１０円きざみで，金額を
　示してある。
・買い物の予算とそれぞれ
　の生徒の買い物の結果を
　矢印で直線上に並べられ
　るようにした。

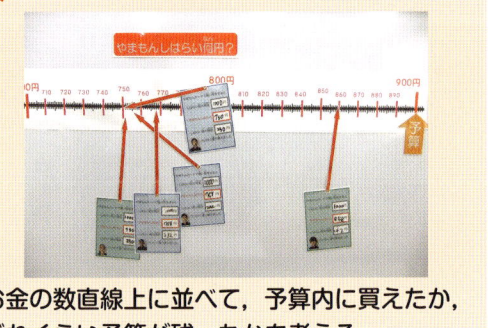

お金の数直線上に並べて，予算内に買えたか，
どれくらい予算が残ったかを考える

＜生徒の変容＞

　評価場面では，互いの買い物の記録を見合って予算内に買えたかどうかを確認することができた。よりよい買い物になるよう友達にアドバイスしたり，友達の概算方法に学んで，５０円単位の概算に挑戦したりする生徒もいた。

4　まとめ

　司会や，課題の分担役など，一人一人に役割を設けることで関わりが増え，協力する姿が見られるようになった。また，1つのミッションボードに，買い物内容，役割分担，概算した結果などをまとめて掲示しておくことで，グループ内でのやり取りを引き出すことができた。司会には司会原稿を入れた携帯情報端末を，課題の分担役には分担した結果を示すためのカードなど支援ツールを工夫することで，自信をもって役割を遂行することができた。

— 77 —

| 実践6 | 高等部　職業国語科 |

「面接で自己紹介をしよう」

授業者　**大西祥弘・永井　均**

1　授業のねらい

【分かる　目的意識】
・現場実習のための面接を意識して学習に取り組むことができる。
【動ける　遂行・活用】
・丁寧な言葉遣いで自己紹介し，質問されたことに適切に答えることができる。
【学び合う　協同】
・友達の面接場面を見て，良い点を見付けて発表することができる。

　本題材で取り上げる面接での自己紹介は，事前に準備した内容を伝えるだけとは異なり，目上の人への丁寧な言葉遣いやマナー，質問されたことに適切に答えることを含んでいる。

　現場実習の前には，実習先で面接があり自己紹介を行うことになる。自己紹介は，初めて会った人に短く簡単に自分の良さなどを伝える自己アピールの手段である。それらによって，相手に与える印象も変わってしまう。場に応じた自己紹介の知識を得て，練習を通してスキルを身に付けていくことは，将来の生活に生かされると考える。

2　授業の実際

＜生徒の実態＞

　本グループは，高等部1年生3名，2年生2名，3年生4名の計9名で編成されており，全員が一般就労及び就労移行支援を希望している。どの生徒も，家庭と学校生活が中心で生活経験に乏しく，状況に応じた言葉遣いができなかったり，人前で話すことや自分の思いを簡潔にまとめて話すことが苦手であった。自己紹介については，新入生歓迎会などで新しい友達や指導者との出会いの際に経験したことがあるが，面接場面での自己紹介は，学年によって経験の差が大きく，スキルの獲得にも開きがある。

第3章　授業改善の過程：学び合う国語・算数数学の指導

＜授業の展開＞

　ビデオ映像で面接の手順やマナーを確認し，面接のロールプレイで「自己紹介ポイント」を使って互いに評価するようにした。その後に，ビデオに撮影した自分たちの様子を振り返るようにした。

学習活動 1 「本時の学習内容を確認する」

・本時の学習内容とその流れを板書に示して見通しがもてるようにした。

学習活動 2 「面接のマナーや自己紹介のポイントを確認する」

・マナーや手順をビデオ映像で確認する。
・「相手に伝わる声」「丁寧な言葉遣い」「視線」「姿勢」と書かれた「自己紹介ポイント」を黒板に貼って，確認する。
・質問に対して適切に答えられるように，面接にふさわしい内容の答えを例示する。

学習活動 3 「面接のロールプレイをする」

（1）面接をする
・3人ずつ3つのグループに分かれて行う。経験の多い3年生から順番に行う。面接官はT2が行う。
（2）友達の面接の様子をチェックをする
・面接を待つグループは，「チェックポイントカード」を用いて面接を受けているグループのやり取りを評価する。
（3）友達の面接の良い点を発表する
・良かった点を友達に発表する。生徒同士で発表，評価をした後，指導者が評価を重ねる。

生徒主体で授業を進めるための工夫 ➡ P.80 へ

学習活動 4 「ビデオで振り返る」

・面接のロールプレイの様子を撮影したビデオ映像の中から，「自己紹介ポイント」を意識できている特徴的な場面を取り上げて振り返りを行う。

3 授業の工夫と改善

学習活動3 「面接のロールプレイをする」

＜協同＞生徒主体で授業を進めるための工夫

　生徒が自ら授業を進めるように，進行や面接の準備を生徒に任せた。また，３人の
グループごとに面接を行い，待っている生徒には友達の面接の様子を評価する活動機
会を設けた。

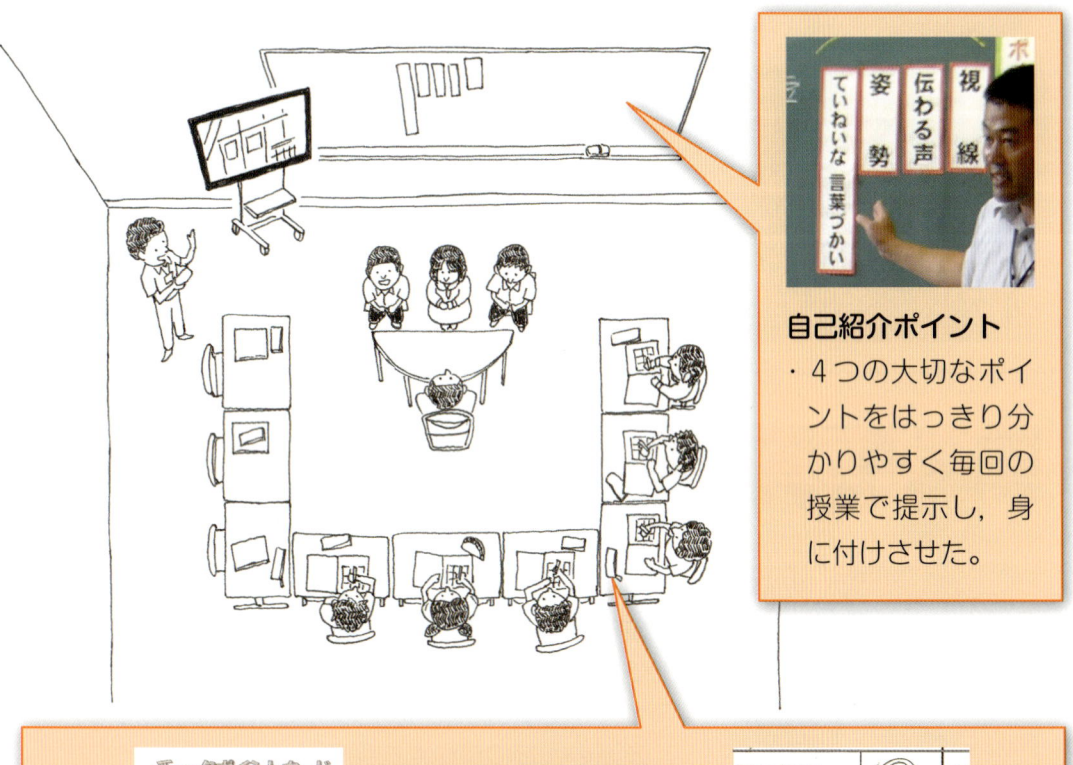

自己紹介ポイント
・４つの大切なポイントをはっきり分かりやすく毎回の授業で提示し，身に付けさせた。

チェックポイントカード
・自分や友達の面接の様子を評価できるように，「自己紹介ポイント」と同じ項目でチェックポイントカードを作成した。メモ欄を設けて，友達の面接の良かった点を記入させるようにした。**ポイント番号⑭**

第3章　授業改善の過程：学び合う国語・算数数学の指導

学習活動3「面接のロールプレイをする」における授業改善の経過

<課題>

　授業の進行や，道具の準備や片付け，プリントの配布などを指導者が行っており，生徒は動かずに見ているだけであった。友達の面接の良い点を発表する場面では，指導者が指名して発表させていた。発表する生徒は，指導者に向かって答える形になっており，指導者と生徒とのやり取りになっていた。

<改善策>

・号令役，進行役，教卓の片付け，面接用の机と椅子の準備などを生徒の役割分担として設定することで，主体的に授業に参加できるようにした。
・進行役の生徒には，授業の流れをホワイトボードに掲示することで，面接の開始，友達の面接の良い点の発表の進行をできるようにした。
　ポイント番号①，⑨

・自己紹介ポイントを基に，生徒の自己評価，友達からの評価の後，指導者がさらに評価をすることで，成果を認め合うとともに，達成感を味わえるようにした。
・チェックポイントカードの下側にメモ欄を設けて，友達の面接の様子を評価することに続けて，自分の言葉で短く良かった点を書くようにさせた。
・友達の面接の良い点を発表する場面では，指導者が離れたところで座って見守ることで，生徒同士の学び合いになるようにした。
　ポイント番号③，⑭，⑲

生徒同士のやり取りへと発展させるために，指導者が行っていた進行を生徒に移行させたこと，指導者の立ち位置を変更することが効果的でした。

4　まとめ

　授業の回数を重ねるにつれて，アドリブを入れながら余裕をもって進行ができるようになり，自信をもって発言できるようになった。友達の面接の良かった点を発表する学習活動では，指導者の反応を気にしながら答えていた生徒が多かったが，生徒同士でやり取りをしながら意見を述べることができるようになった。また，チェックポイントカードのメモ欄を参考にして，自分の意見を積極的に発表できるようになった。

— 81 —

| 実践7 | 高等部　職業数学科 |

「時間を意識しよう～ぴったりで終わろう～」

授業者　**塩田友亮・合田卓生**

1　授業のねらい

【分かる　目的意識】
・時間感覚を養うことが，学校生活や就労場面で必要であることを知る。
【動ける　遂行・活用】
・グループで活動する際に，時間配分を考えて取り組むことができる。
【学び合う　協同】
・時間に合わせた行動ができるようにグループで協力して取り組むことができる。

　本題材では，設定した時間に合わせて体育館でパイプ椅子を並べる作業を行う。設定された時間ちょうどに合わせるためのスピードを考えて，作業していくことを繰り返すことで，時間感覚を養うことをねらいとする。

　就労において，時間内に業務を終了するためには，常に時間を意識しなければならない。前もって早めの行動をしたり，間に合わせるための「急ぐ」といった行動をとったりするなど，時間感覚を身に付けておくことは，就労するために大切な要素である。また，時間を意識しながらグループで活動することで，自分の役割を果たしたり周囲を気遣ったりする気持ちや，助け合おうとする態度を養うことができる。

　このように時間の感覚を身に付けておくことは，社会人として働くためだけでなく，自立した社会生活を送る上で重要であると考える。

2　授業の実際

＜生徒の実態＞

　本グループは高等部１年生１名，２年生６名，３年生２名の計９名で構成されている。これまでの学習や経験により，時計を見て正確に時刻を読むことや，簡単な時間の計算はできるようになった。時間の半分や倍といった概念は，理解できつつあるが，学校生活に生かせていない。また，「あと○分しかないから急がなければならない」と感じたり，「５分前行動」をしたりするなどの時間を意識した行動をするためには，状況に応じて指導者が注意喚起をする必要がある。

第 3 章　授業改善の過程：学び合う国語・算数数学の指導

<授業の展開>

　「6 分ちょうどの時間で 30 脚のパイプ椅子を並べる」という課題のために，グループで話し合い，順番や目安のタイム，ポイントを決めてから行うようにした。振り返りでは，計画と実際に掛かった時間とを比較する活動を設けた。

学習活動 1 「パイプ椅子並べの準備をする」

・グループで 2 分 30 秒以内に，30 脚のパイプ椅子を指定された置き場に立て掛ける。

学習活動 2 「パイプ椅子並べをする」

（1）3 人ずつ 3 つのグループに分かれて話し合いをする。
・並べる人の順番を決める。
・1 列（5 脚）の椅子を並べるのに掛かる目安のタイムをワークシートに記入する。
・取り組むポイントを考える。
（2）グループでパイプ椅子を並べる。
・3 人ずつのグループで，1 列（5 脚）の椅子を並べる活動を 1 人 2 回行う。
・2 巡目からは，残り時間を確認し，作業スピード（「急ぐ」「ふつう」「ゆっくり」）を宣告して並べる。

> 椅子を並べるペース配分を
> 考えるための工夫 ➡ P.84 へ

学習活動 3 「ビデオを見て振り返りをする」

・3 つのグループのうち 1 つを取り上げ，作業の様子についてのビデオを見ながら評価シートで評価を行う。
・6 分間の数直線上に，生徒それぞれがパイプ椅子を並べ終えた時間に矢印マークを貼る。
・評価シートに 1 列並べるのに掛かった時間について，目安のタイムと実際に掛かったタイムを記入し，間に合っているか，遅れているかを考える。

> 目安のタイムと，掛かったタイムを
> 振り返り，比較するための工夫 ➡ P.86 へ

学習活動 4 「片付けをする」

・グループで 4 分以内に，授業で用いたパイプ椅子，長机等の片付けを行う。

— 83 —

3　授業の工夫と改善

学習活動2　「パイプ椅子並べをする」

＜遂行・活用＞椅子を並べるペース配分を考えるための工夫

　グループで指定された時間に合わせて椅子を並べるために，ワークシートを使って順番や目安のタイムを話し合う場を設け，作業スピードを考えながら椅子並べをするための手掛かりを用意した。

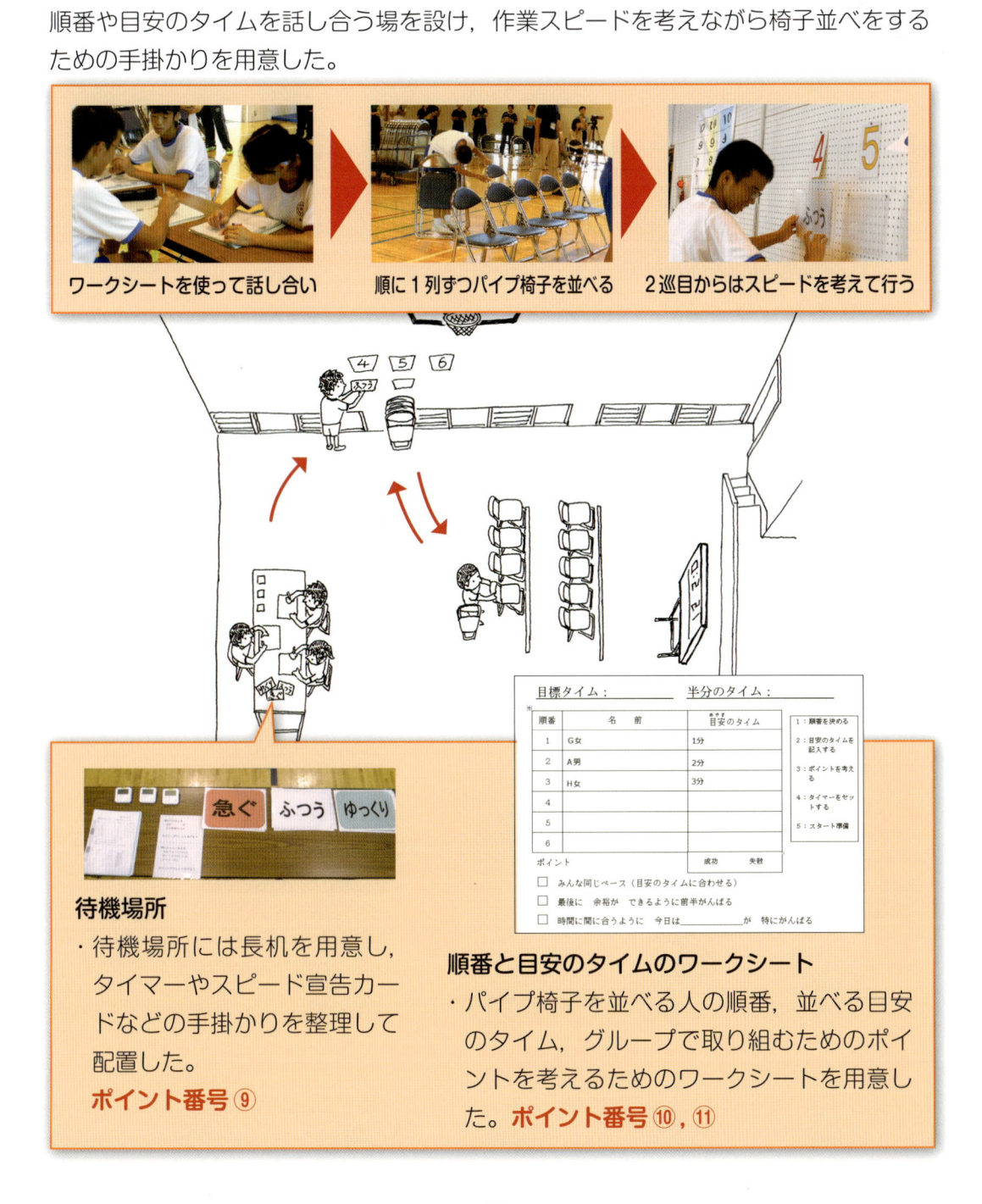

ワークシートを使って話し合い

順に1列ずつパイプ椅子を並べる

2巡目からはスピードを考えて行う

待機場所
・待機場所には長机を用意し，タイマーやスピード宣告カードなどの手掛かりを整理して配置した。
ポイント番号⑨

順番と目安のタイムのワークシート
・パイプ椅子を並べる人の順番，並べる目安のタイム，グループで取り組むためのポイントを考えるためのワークシートを用意した。**ポイント番号⑩，⑪**

第3章　授業改善の過程：学び合う国語・算数数学の指導

学習活動2「パイプ椅子並べをする」における授業改善の経過

<課題>

　前の人までの作業の進行具合を見て作業スピードを考えなければならなかったが，時間に余裕があっても急いでしまうなど，作業に集中し過ぎてスピードを考えにくかった。作業開始から終了までノンストップで行うため，生徒が作業スピードをどのように工夫したのかが見えにくく，評価がしにくかった。

<改善策>

・前の人の作業ペースとタイマーを見て，自分の作業スピードを考えられるように，「急ぐ」「ふつう」「ゆっくり」のスピード宣告カードから選択して作業を行うようにした。**ポイント番号⑪**

・スピード宣告カードの掲示場所を，作業しながら確認できる場所に変更し，作業スピードを意識して作業ができるようにした。**ポイント番号⑨，⑫**

・それぞれの生徒の作業スピードの様子を見ながら，生徒同士で時間調整を促す言葉掛けをし合うように促した。**ポイント番号⑳**

スピード宣告カードを選択してパイプ椅子置き場に掲示する

　作業ペースを考えて，カードを選択してから取り組むようにしたことで，作業スピードや時間を意識しやすくなりました。
　待機場所を，作業している生徒やタイマー（時間経過）など，活動が見渡せる場所に配置したことで，生徒の活動がスムーズになりました。

<生徒の変容>

　「急ぐ」「ふつう」「ゆっくり」のカードを用意したことで，自分がどのスピードで作業すればよいかを考えるようになった。時間に余裕があってもただ急ぐだけだった生徒が，「ふつう」や「ゆっくり」を選択し，それに合ったスピードで取り組むことができるようになった。また，作業している生徒も待機している生徒も，取り組むスピードを常に確認できるようになり，言葉掛けがしやすくなった。

— 85 —

学習活動 3 「ビデオを見て振り返りをする」

<協同>目安のタイムと実際に掛かったタイムを振り返り，比較するための工夫

パイプ椅子並べの様子をビデオで撮影しておき，それを見ながら，計画した目安の時間と実際の作業の様子の時間を比べる学習活動を設けた。**ポイント番号③**

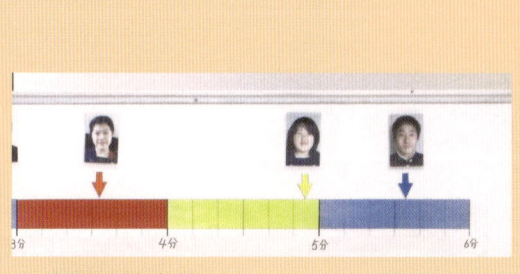

6分間の数直線

・パイプ椅子並べに要する6分間を数直線で視覚的に示した。数直線は1分ごとに色分けした。各生徒の作業終了時間を矢印で示すことで，同じ色内では間に合っている，次の色のところに入ると遅れていることを分かりやすくした。
ポイント番号㉑

・全員で振り返りが行えるように，1つのグループの作業の様子をプロジェクターで映した。
ポイント番号⑦

第3章　授業改善の過程：学び合う国語・算数数学の指導

学習活動3「ビデオを見て振り返りをする」における授業改善の経過

> **＜課題＞**
>
> 　ビデオ映像で作業の様子を確かめながら，目安タイムに間に合っているか遅れているかの確認をしていたが，ビデオ映像を見るだけでは理解することが難しい生徒がいた。間に合っているか遅れているか判断はできても，その次の人がどうすれば良いかは分かりにくかった。

> **＜改善策＞**
>
> ・ホワイトボードに「6分間の数直線」を掲示し，実際のタイムを，行った生徒本人に記入させて，各生徒の作業の遅速を視覚的に分かりやすくした。
> **ポイント番号㉑**
>
> ・「評価シート」に実際のタイムに加えて，行動の評価とスピードの選択欄を設けた。前の人の作業ペースとタイムを見て，次に作業する人がどうすれば良いかを考えさせるようにした。**ポイント番号⑥**

評価				
順番	目安のタイム	実際のタイム	評価	次の人はどうすればいい？
1	1分	1分	間に合っている／遅れている	
2	2分	1分52秒	間に合っている／遅れている	
3	3分	3分	間に合っている／遅れている	急ぐ　ふつう　ゆっくり
4	4分	4分10秒	間に合っている／遅れている	急ぐ　ふつう　ゆっくり
5	5分	5分2秒	間に合っている／遅れている	急ぐ　ふつう　ゆっくり
6	6分	6分	間に合った／遅れた	

作業スピードを考えるための「評価シート」

> 　目には見えない時間経過を視覚的に示したことで，時間が捉えやすくなり，間に合っているかどうかの評価と作業スピードの判断がしやすくなりました。

＜生徒の変容＞

　ビデオでの振り返りを「6分間の数直線」に記入することで，間に合っているかどうかを正しく判断できるようになった。評価シートに「次の人はどうすればいい？」という選択欄を設けたことで，決めた時間で作業を終わらせるためのペースを考える機会が増え，自分の作業スピードの判断も適切にできるようになった。

4　まとめ

　パイプ椅子を並べる前に，「急ぐ」「ふつう」「ゆっくり」の作業スピードを選択することによって，状況に合ったペースを考えられるようになった。振り返りでは，時間経過を数直線で視覚的に表すことによって，間に合っているのかどうかが判断しやすくなり，次の人がどの作業スピードで取り組めばよいかを考えることができるようになった。

インフォーマル算数と発達促進

西田智子

インフォーマル算数とは，就学前に生活体験を通して自ずと獲得される数量に関する知識であり，学校教育を通して獲得される四則計算（加減乗除）などの知識であるフォーマル算数と区別して呼ばれています。インフォーマル算数における数概念は，必ずしも正しいものではありませんが，学校で学習される数概念などの基となるといわれています。

数概念には，計数，多少判断，保存などがありますが，一般に，数概念は生活年齢よりも精神年齢と関連があるといわれています。知的障害のある児においても，数概念の獲得はその精神年齢と関連しているといわれていますが，知的障害のある児の中で，四則計算ができるにもかかわらず，多少判断や均等配分ができない児がいます。学校での学習により手続き的な知識は獲得できますが，概念的な知識が欠如しているためです。実際の生活場面でお菓子を配らせると，足りないところがあっても分からない様子が見られます。このことから，知的障害のある児の数概念の発達は，定型発達の子どもの発達からの単なる遅れでなく，異なるプロセスを経ている可能性が考えられます。定型発達の子どもであれば，4～6歳くらいに遊びの中で数的な知識が徐々に身に付いてきますが，知的な遅れがあると十分にそのような遊びをしないままに学校での学習が始まり，フォーマル算数を習うようになることが一因ではないかと考えられます。

定型発達の子どもでは，2歳前後より「いっぱい」，「ちょっと」，「もっと」などの副詞を使い始めます。自分の感じ取る数量の多少の比較，大人との関わりの中から心の動きを表現する言葉を獲得していきます。すなわち数量の感覚的なものを身に付けていく時期です。3，4歳では計数概念・技能を獲得するようになり，4歳になると4以下なら多少判断可能となり，5歳で多少判断が確実となります。5，6歳になると，20以上の個数を正確に数え，6歳ではユニット方略で配分可能となります。このように，4～6歳という時期は大きな変化を認める時期です。多少判断を見た目，知覚的判断で答える時期（定型発達児では4歳後半～5歳前半）から，計数により答える時期（5歳後半～6歳前半）になっていきます。

幼児期の数概念は，その子どもを取り巻く文化が反映されている可能性が強く，とりわけインフォーマル算数の中の数概念は，子どもの数量的経験に依存しているといわれています。精神年齢6歳未満では，正答を気にせずに，数で遊ぶ時間が必要と思われます。特に，具体物を使った数遊び，日常生活の中での数遊びがとても重要です。

第4章

授業改善の過程

協同から自立をめざす力の育成

実践8 **小学部1〜4年　音楽科**

「楽しいリズム『ぶんぶんぶん』『手をたたきましょう』」

授業者　**福家美香・近藤邦子・平岡千明**

1　授業のねらい

【分かる　目的意識】
・リズム遊びや身体表現に興味をもち楽しむ。
【動ける　遂行・活用】
・曲のリズムを感じとって，身体表現をすることができる。
【学び合う　協同】
・友達の身体表現に興味を示したり，評価したりすることができる。

　「ぶんぶんぶん」には，「♩　♩　♩　𝄽」のリズムが繰り返し使われており，リズム打ちの習得に適している。1小節の中に4分音符が3つ続き，その後4分休符が1つ入っているこの曲は，打つ箇所と休む箇所の違いを対比させやすく，「休符」についての学習を行いやすい。

　「手をたたきましょう」は体の様々な部分をたたいて音を出し，身体表現を行うことのできる曲である。手をたたく場面では，友達や指導者と一緒にリズム打ちをする機会を設定し，共に学ぶ楽しさを味わうことができる。また「怒る」「笑う」「泣く」といった身体表現をすることにより，楽しみながら音楽に親しめると同時に，評価の場面では「○○が良かった」という評価の観点が児童に分かりやすく設定できる。

2　授業の実際

<児童の実態>

　本グループは，小学部1年生3名，2年生2名，3年生4名，4年生1名の計10名で構成されている。リズム打ちは，これまでに「ミッキーマウスマーチ」や「おもちゃのチャチャチャ」で学習してきた。自分の力で楽器を使って正しくリズム打ちができる児童から，楽器でのリズム打ちは難しいが手拍子であればできる児童，楽器・手拍子ともに難しい児童と，リズム打ちに関する実態は様々である。積極的に音楽に関わり自ら楽しもうとする児童から，音楽への関心があまりなく歌うことやリズムを打つことへの楽しさに達していない児童とその実態差は大きい。

第4章　授業改善の過程：協同から自立をめざす力の育成

＜授業の展開＞

　導入では，児童同士で活動の流れを確認する機会を設けた。学習活動3「リズム遊び」では，全員で行った後，ペア練習をして，学習活動4で発表評価場面を設けることで，活動を変えてリズム打ちに繰り返して取り組めるように工夫した。

学習活動 1　「本時の学習内容を確認する」

・児童同士でスケジュールカードを受け渡し，ホワイトボードに貼る活動を通して，本時のスケジュールを確認する。

> 児童同士で授業の流れを確認するための工夫 ➡ P.92 へ

学習活動 2　「今月の歌『ぶんぶんぶん』練習する」

・振り付けのビデオ映像を手掛かりに，歌唱やリズム打ちに取り組む。

学習活動 3　「リズム遊び『手をたたきましょう』を練習する」

・ビデオ映像による歌や振り付け見本を手掛かりに，リズム遊びに取り組む。全員で練習した後，ペアで練習する。

> リズム遊びを習得するための工夫 ➡ P.93 へ

学習活動 4　「リズム遊び『手をたたきましょう』を発表する」

・二人ずつ友達の前で発表する。指導者だけではなく児童も評価を行う。

> 友達の発表に注目し，評価するための工夫 ➡ P.94 へ

学習活動 5　「ダンスを踊る」

・授業の終わりを意識できるように，慣れ親しんでいる曲で，全員で輪になって踊る。

3　授業の工夫と改善

学習活動 1　「本時の学習内容を確認する」

> **＜協同＞児童同士で授業の流れを確認するための工夫**

　授業の導入時に，児童がホワイトボードやテレビを準備するようにした。スケジュールカードを順に貼って授業の流れを確認する機会を設けた。**ポイント番号①，⑦**

色テープの目印
・ホワイトボードや進行用の机を移動するための手掛かりとして，色テープで目印を設けた。

スケジュールカード
・当てられた児童が「スケジュールカード」を順に貼ることができるように，ホワイトボードにはあらかじめ数字と枠を書いておいた。**ポイント番号⑫**

・進行役の児童が，「○○さん，△を貼ってください」など，役割を依頼できるように，スケジュールカードの裏にやり取りの言葉を貼り付けておいた。**ポイント番号⑫**

第4章　授業改善の過程：協同から自立をめざす力の育成

学習活動3 「リズム遊び『手をたたきましょう』を練習する」

<**遂行・活用**>リズム遊びを習得するための工夫

　全員でリズム遊びをする場面では，手本として振り付けのビデオ映像を映したり，振り付けカードを提示したりした。ペア練習では，指導者がペアとなって手本を示した後，実態に応じてペアリングを行い，互いに向き合う座席配置で行った。

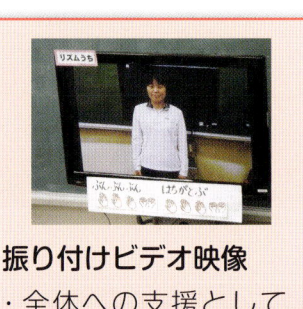

振り付けビデオ映像
・全体への支援として，テレビ画面に振り付けのビデオ映像を提示しながら行った。
ポイント番号⑦

ペアでのリズム打ち練習をする
・ペアで練習することを説明した後に，まずは，指導者がペアで手本を見せるようにした。ペアリングは，児童の希望を聞き，友達同士では難しい児童には指導者がペアになるなど実態に応じて行った。
ポイント番号⑱

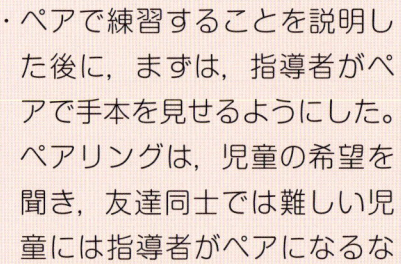
指導者による手本

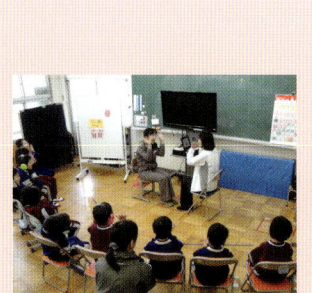
ペア練習の様子

<**児童の変容**>

　ペア練習を取り入れることで，友達と手をたたくタイミングを合わせるために，相手意識をもってリズム打ちをすることができるようになった。

— 93 —

学習活動 4 「リズム遊び『手をたたきましょう』を発表する」

＜協同＞友達の発表に注目し，評価するための工夫

　児童同士での発表評価が深まるように，発表する児童，発表場所，評価ポイントを視覚的に示した。最初に指導者が評価の手本を示すようにした。**ポイント番号③,㉑**

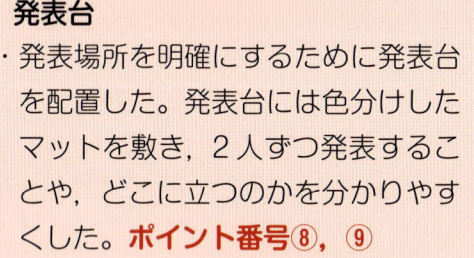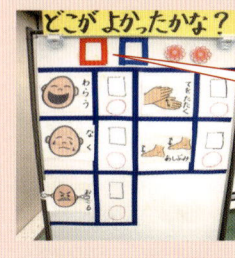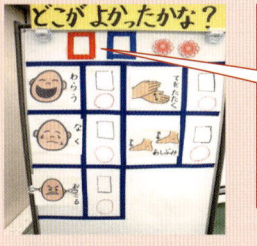

発表台
・発表場所を明確にするために発表台を配置した。発表台には色分けしたマットを敷き，２人ずつ発表することや，どこに立つのかを分かりやすくした。**ポイント番号⑧,⑨**

評価ボードの色枠
・発表台のマットの色に合わせた枠を評価ボードに設け，顔写真カードを貼ることで，発表する児童と発表する場所が明確になるようにした。
ポイント番号⑨

発表する児童　　評価する児童

聞き手の児童

振り付けカード
・児童が前を向いて発表できるように，教室後方の指導者が「振り付けカード」を提示するようにした。
ポイント番号㉑

第4章　授業改善の過程：協同から自立をめざす力の育成

学習活動４「リズム遊び『手をたたきましょう』を発表する」における授業改善の経過

＜課題＞

　発表の良いところを評価する場面を設けたが，言葉による説明や評価であったため，指導者と評価する児童との間のやり取りだけとなっていた。また，評価する児童はどのような観点で友達の評価をすればよいのかはっきりとしなかった。

＜改善策＞

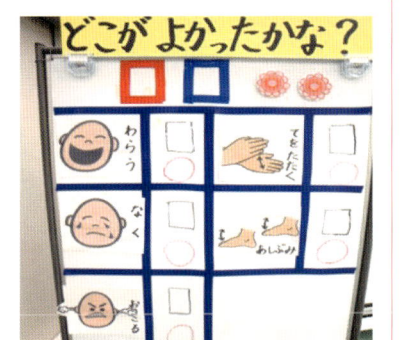

評価ボード

・発表した児童や聞き手の児童にも発表のどこが良かったのかが分かるように，イラストによる「評価ボード」を用意した。
・評価ボードには，どの振り付けが良かったのかを具体的に評価できるように，振り付けのイラストを提示し，花丸カードを貼るようにした。
・最初に，指導者（Ｔ２）が評価ボードを使って評価する手本を見せた。その後に，児童に評価を行わせた。**ポイント番号⑨，㉑，⑱**

　評価の観点を視覚的に示すこと，指導者も児童と同じように評価ボードを使って評価することで，評価する児童にとっても手本となり，評価活動を深めることができました。

＜児童の変容＞

　評価ボードを用意することにより，評価する児童，発表する児童，聞き手の児童ともに何を評価しているのかがよく分かるようになり，評価への意識が向きやすくなった。

4　まとめ

　導入時に，児童同士で行うスケジュール確認は，次の学習活動に向かう意欲を高めた。リズム打ちでは，ビデオ映像による手本提示，ペアでの練習，発表場面と学習活動の形式を変えながら，繰り返し取り組めるように工夫したことで，児童の集中力への配慮ができた。また，発表場面では，聞き手の児童が参加できるように，評価の観点を視覚的に示すことで，発表する児童への関心を高め，学習内容への理解を深めることができた。

— 95 —

実践9 **小学部低学年　図画工作科**

「絵描き歌で描いてみよう」

授業者　**丸橋順子・髙原淳一**

1　授業のねらい

【分かる　目的意識】
・絵を描くことに興味をもつことができる。
【動ける　遂行・活用】
・歌や形を手掛かりにして，絵を描くことができる。
【学び合う　協同】
・作品を発表し合い，自分や友達の作品に関心をもつ。

　形や線を組み合わせて身近な物を描く活動は，児童の表現力の幅を広げ，表現する楽しさを高めることができる。その際，絵描き歌を使ってリズムに合わせて描くことは，記憶に残りやすく，描き順や形を意識しながら絵を描くことができ，児童にとって楽しめる活動であると考える。

　また，表現した作品を見せ合う活動を取り入れることで，表現したものを介して指導者や友達と互いにやり取りすることができる。さらに，実習生や交流の友達，卒業生に手紙を書くなどの機会に，自分で描いた絵を添えることで，自分のイメージや気持ちを表現し，他者に伝えることにもつながると考える。

2　授業の実際

＜児童の実態＞

　本グループは，小学部1年2名，2年3名で構成されている。絵を描くことは，好きなキャラクターや動物などを絵にして表現できる児童から，点や線，丸を自由に描く段階の児童まで，実態は様々である。絵描き歌で描くことは，どの児童も本題材で初めて取り組んだが，リズムに合わせて描こうとしたり，覚えた歌詞を歌おうとしたりする様子が見られる。どの児童も描くことに関心をもち，補助具を使って描いたり，模写をしたりすることに集中して取り組もうとしている。

第4章　授業改善の過程：協同から自立をめざす力の育成

＜授業の展開＞

　クレヨンでおにぎりの絵を描く前にタブレット型情報端末を使い，絵描き歌に合わせて描く学習に取り組むようにした。描いたおにぎりを発表し，空っぽのお弁当箱に貼る活動を設け，達成感を得られるようにした。

学習活動 1　「本時の学習内容を確認する」

・おにぎりの絵を描いて，空っぽのお弁当箱を完成させることを知る。

学習活動 2　「絵描き歌でおにぎりを描く練習をする」

・順番に絵描き歌に合わせて，タブレット型情報端末のタッチペン機能を使っておにぎりの絵を描く。

> 児童の活動量を増やすための工夫 ➡ P.98 へ

学習活動 3　「おにぎりの絵を描く」

・各自で描き方の手順カードや写真の見本を手掛かりに，クレヨンでおにぎりを描く。

> おにぎりの絵を描く意欲を高める工夫 ➡ P.100 へ

学習活動 4　「発表をする」

・出来上がったおにぎりの絵を友達の前で発表し，「おいしそうだね」と評価し合う。発表後，空っぽのお弁当箱の背景画におにぎりの絵を貼る。

学習活動 5　「おにぎりを食べる（見立て遊び）」

・テレビ画面に映し出されたキャラクターに，おにぎりを食べてもらう見立て遊びをする。

3　授業の工夫と改善

学習活動2　「絵描き歌でおにぎりを描く練習をする」

> **＜協同＞児童の活動量を増やすための工夫**

　絵描き歌に合わせて，タブレット型情報端末でおにぎりを描く活動機会を設けた。タブレット型情報端末をテレビにつなぎ，他の児童も描く様子を見ることができるようにした。

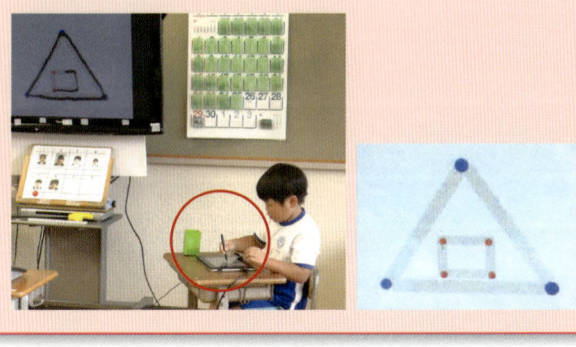

タブレット型情報端末の描画機能
・描画機能のタッチペンで画面に描いたものが，そのままテレビに表示される。手順を戻って描き直すこともすぐにできる。
ポイント番号⑫

・見ている児童は，テレビ画面に映し出された絵を見て，評価する。

— 98 —

第 4 章　授業改善の過程：協同から自立をめざす力の育成

学習活動 2 「絵描き歌でおにぎりを描く練習をする」における授業改善の経過

＜課題＞

　歌に合わせて絵を描く手順を指導者が主導で説明していたため，児童は座って見ているだけとなっていた。

＜改善策＞

・指導者の説明だけでなく，タブレット型情報端末のタッチペン機能を使い，順番に絵描き歌に合わせておにぎりの絵を描く活動を設けた。
ポイント番号①

・タブレット型情報端末の画面をテレビ画面にも映し，他の児童も絵描き歌に合わせて描く様子を見ることができるようにした。
ポイント番号⑦

・タブレット型情報端末には，児童の描く力に応じて点や補助線を画面に設定し，児童が自ら点つなぎやなぞり書きが行えるようにした。
ポイント番号⑫，⑬

　テレビ画面に描いている絵を映すことで，見ている児童も参加できるようになり，友達の活動に注目したり，一緒に絵描き歌を歌ったりする様子が見られるようになりました。

＜児童の変容＞

　児童自らがタブレット型情報端末を操作して絵描き歌の練習を行えるようにしたことで，活動量が増え，学習の効率も上がった。また，友達がタブレット型情報端末で練習している様子に注目することで，何度もリハーサルを繰り返し，描くことをイメージすることができた。

— 99 —

学習活動 3 「おにぎりの絵を描く」

<＜目的意識＞おにぎりの絵を描く意欲を高める工夫>

　各自で活動の準備から片付けまで取り組むための工夫や，おにぎりを描くことに興味をもったり，形を捉えたりするための手掛かりを工夫した。

道具や材料を入れたトレイ

・児童が活動の準備をできるように，1人ずつトレイに道具や材料をセットし，顔写真を貼って誰のものかが分かるようにした。

ポイント番号⑨

おにぎりの
選択用カード

手順カード

描画の見本カード

・模写の見本として，数種類のおにぎりの選択用カードを用意した。

ポイント番号⑤

描くための手順カードと補助具

・描き方の手順カードやおにぎりの形を捉えて描くために補助具（○△□の型枠）を用意した。

ポイント番号⑫，⑬

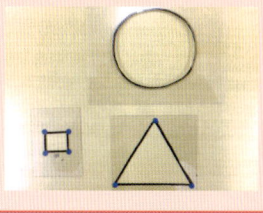

補助具
（○△□の型枠）

— 100 —

第4章　授業改善の過程：協同から自立をめざす力の育成

学習活動3「おにぎりの絵を描く」における授業改善の経過

<課題>

　それぞれの児童が好みの題材を選択して描いていたため，個別の活動になりやすく，集団活動としての目的意識を十分に意識付けることができなかった。

<改善策>

・お弁当のおにぎりが，悪いキャラクターに食べられてなくなるストーリーをプレゼンテーション教材で提示した。

・弁当箱の中が空っぽの未完成の背景画を用意することで，おにぎりを描く必要性を感じられるようにし，絵画への意欲を高めるようにした。

・学習活動4の発表の後，弁当箱に児童が描いたおにぎりの絵を貼って完成させて，学習活動5では，キャラクターに食べさせる見立て遊びができるようにした。

　ポイント番号 ㉓，㉔

プレゼンテーション教材

空っぽの弁当箱の背景画

　全員で1つのお弁当箱を完成させるという目的を分かるようにしたことが，おにぎりの絵を描く意欲を高めるのに効果的でした。

<児童の変容>

　お弁当を完成させるという共通の目的意識をもって課題に取り組めるようになり，絵描き歌を口ずさんだり，選択肢の中から好みのおにぎりの絵を選んだりして描くなど，楽しみながら描くことができた。

4　まとめ

　おにぎりを題材にして，三角や丸などの形を捉えて描く学習に取り組んだ。全員で共通の目的がもてるように，弁当箱の中のおにぎりを食べられてしまうストーリーを設定し，プレゼンテーションで伝えて意欲を高めるようにした。実際におにぎりを描く場面では，補助線や型枠などの個々の実態に応じた支援を工夫した。描いた絵を児童同士で評価し合い，弁当箱を完成させていく授業展開は，児童の意欲を高めるのに効果的であった。

実践10　高等部　保健体育科

「キンボール〜レッツ オムニキン！〜」

授業者　**塩田友亮・榎並　浩**

1　授業のねらい

【分かる　目的意識】
・ルールを理解してゲームに参加することができる。
【動ける　遂行・活用】
・ボールの動きに合わせて体を動かすことができる。
【学び合う　協同】
・チームで協力しながら作戦を考えて活動することができる。

　キンボールは直径122cm，重さ約1kgのボールを使い，3色に分かれたチームが同時にプレーする競技である。互いが色を指定しながらヒットやレシーブを繰り返し，ボールが床に落ちたら他チームに得点が与えられるゲームである。ルールが比較的簡単で，競技者の実態に合わせてルールの変更がしやすく，作戦のバリエーションを考えやすい。また身体接触を一切禁じており，安全に取り組める競技である。

　ボールが大きいため滞空時間が長くなり，ボール運動が苦手な生徒でも打ちやすく，意欲をもって活動することができる。このことは，他の球技でも必要な技術を養うことにもなり，今後学習する球技にも好影響を与えると考える。また，3チームが同時にプレーするため，一人一人の活動量が豊富となる。さらに，チーム全員がボールに触れなければ次のプレーが始まらないので，自分が重要な役割を担っていることを実感できると考える。

2　授業の実際

＜生徒の実態＞

　本グループは高等部1年生から3年生までの計14名で構成されている。これまで，球技はティーボールやサッカー，卓球などに取り組んでいるが，キンボールは全員が初めて経験する。球技が得意な生徒がいる反面，苦手としている生徒も多く，ボールの動きに合わせた捕球や打つ，蹴るなどがうまくできない生徒もいる。また，練習では，周囲の言葉掛けなどでボールの動きに合わせて体を動かすことができても，試合になるとうまく動くことができない生徒も多く，実態は様々である。

第4章　授業改善の過程：協同から自立をめざす力の育成

＜授業の展開＞

　通常のキンボールのルールや環境を生徒に分かりやすく変更し工夫することで，生徒同士で準備から練習，作戦タイム，試合，片付けまで協力して行えるようにした。作戦を立てて試合をする流れを繰り返すことで，考えた作戦の成果を感じられるようにした。

学習活動1　「準備をする」

・3チームに分かれてチームごとに割り当てられた準備を協力しながら行う。
　（得点板，ゼッケン，タイマー等の準備）

学習活動2　「ウォーミングアップをする」

（1）準備体操
（2）キンボールを使った手つなぎ鬼ごっこ
・体育館の半分をコートにして，二人組で手をつないで，ボールに当たらないように協力して逃げる。直接手をつなぐことに抵抗のある男女ペアには，はちまきを介してつないで組になる。

学習活動3　「実戦形式で練習する」

（1）作戦タイムⅠ
・レシーブポジションやサーブの方向を考える。
（2）練習
・サーブとレシーブの練習をする。
・作戦ボードを使ってレシーブポジションを決める。

学習活動4　「ゲームをする」

（1）作戦タイムⅡ
・レシーブポジションとサーブの順番を考える。考えた作戦は，タブレット型情報端末のカメラで記録し，次の作戦タイムに生かす。
（2）試合Ⅰ，Ⅱ

> 生徒同士で作戦を考える
> ための工夫 ➡ P.104 へ

学習活動5　「本時の振り返りをする」

・各チームで「本日のMVP」を選出し，その理由も考えることで，お互いを認め合う。

学習活動6　「整理体操をする」「片付けをする」

— 103 —

3　授業の工夫と改善

学習活動4　「ゲームをする」

＜協同＞生徒同士で作戦を考えるための工夫

　チームごとに，サーブ，レシーブ練習をしながら，サーブの方向やレシーブポジションを考えやすくするために，体育館のコートを中心から放射状に8分割して視覚的に示したり，作戦ボードを用意したりした。

8分割したコート　　　　**作戦ボード**　　　　**サーブの順番表**

・8分割された体育館のコートを作戦ボードに示し，レシーブポジションを考えるための手掛かりとした。**ポイント番号⑨**

・作戦ボードのレシーブを担当するエリアに名前札を貼ることで，レシーブ時のポジションを把握しやすいようにした。**ポイント番号⑩**

・体育館入口に，上から順番に大きな名前札を貼っていくことで，サーブの順番を確かめやすくした。**ポイント番号⑩**

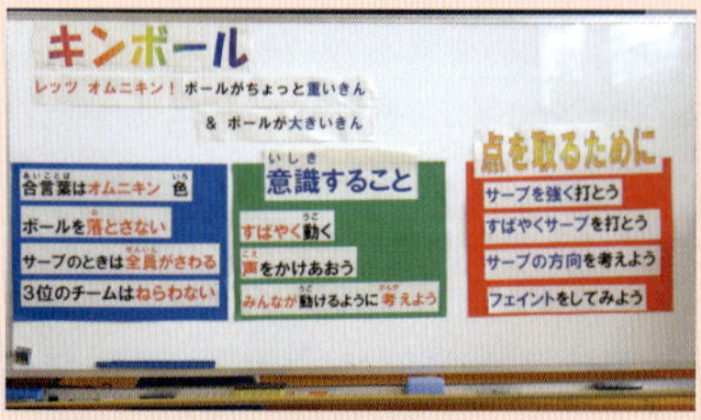

授業のねらいボード

・目標や点を取るためのポイント，ルールを視覚的に示した。

— 104 —

第4章　授業改善の過程：協同から自立をめざす力の育成

学習活動4「ゲームをする」（1）作戦タイムⅡにおける授業改善の経過

＜課題＞

　レシーブ時のポジションを把握しやすいように，体育館の配置図を書いた「作戦ボード」を使ってレシーブを担当するエリアに名前札を貼っていったが，作戦のバリエーションが増えず，話し合いが発展していかなくなった。

＜改善策＞

・作戦のバリエーションを増やすために，レシーブを担当するエリアに貼る名前札を1人当たり3枚の名札から4枚に増やした。

・出来上がった「作戦ボード」をタブレット型情報端末で撮影し，作戦パターンをストックしておくことで，次の作戦を考えるときに参考とするようにした。

タブレット型情報端末で
過去の作戦を参考にする

・生徒が考えた作戦が成功したかを考えられるように，サーブの方向やレシーブポジションなどのポイントについて指導者が助言するようにした。
ポイント番号⑤，⑭，⑳

　名前札を増やしたことで，生徒同士で意思を伝え合う機会が増え，作戦を立てることへの意欲を引き出すことができました。

＜生徒の変容＞

　友達の力が守備向きか攻撃向きかを考えて作戦を立てられるようになったことで，作戦のバリエーションが生まれた。例えば，青チームは攻撃重視の作戦を立て，男子がサーブをする回数を増やした。そのことで女子の守備範囲が広がったが，男子がフォローをしていくというアイデアまで話し合えていた。タブレット型情報端末で撮影した前時のレシーブポジションを参考にして新しい作戦を考える場面が見られた。

— 105 —

学習活動4「ゲームをする」（2）試合Ⅰ，Ⅱにおける授業改善の経過

＜課題＞

正式なキンボールのルール，用具，コートを使用して試合を行えることが望ましいが，競技に参加できなかったり，楽しんで活動に取り組めなかったりする生徒が出てくることが予想された。

正式な得点板

＜改善策＞

・体育館のコートを中心から放射状に8分割し，分割した各床と壁に1～8の数字を掲示した。自分の守るスペースを把握するだけでなく，互いのポジションを指示するときにも利用するように促した。

・一目で得点やチームの勝敗が分かるように，得点を縦に積み重ねて表示する得点板を壁に貼った。紙をはがすと数字が出てくるようにした。

・運動制限中の生徒がゲームに参加できるように，得点板の紙をはがしたり，次のサーブを打つ生徒の名前札に磁石を貼ったりする役割を設定した。

ポイント番号⑨，⑪，①

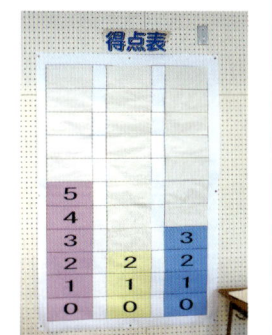

> コートを8分割して数字で示すことや，得点表を見やすくする工夫によって，生徒が位置や勝敗を把握しやすくなり，運動にスムーズに取り組めるようになりました。

＜生徒の変容＞

・一度立てた作戦（レシーブポジションを決めるなど）が試合を通して継続して使えるようになった。必ずコートの中心に戻ってからゲームを再開するので，スピーディーな展開にはならなかったが，移動時間を利用してどこにサーブをするかを考えるチームもあった。

・得点を高さの違いで表す得点板にしたため，どこが勝っているのか負けているのかということを一目で確認するのに有効だった。またサーブの順番も掲示していたので，自分たちで順番を確認しながらゲームに取り組むことができた。

4 まとめ

通常のキンボールのルールを生徒の実態に応じたものにした。体育館コートを8分割にしたことでエリアが分かりやすくなり，作戦ボードやタブレット情報端末を活用した話し合いにも好影響を与えた。また，得点板やサーブの順番表などの視覚的な手掛かりも，生徒自らゲームを進行するのに役立った。

学校教育と合理的配慮

小方朋子

　近頃，勉強会などでも「合理的配慮」がよく取り上げられています。言葉として知られるようになってはきましたが，具体的な中身が分からずに，不安を感じる方も多いと思います。2014（平成26）年1月に批准した「障害者権利条約」では，障害による差別の禁止が基本原則とされ，同原則の具体化のため，2013（平成25）年に「障害者差別解消法」が成立しました。ここでは差別を解消するための措置として，差別的取扱いの禁止と合理的配慮の不提供の禁止が挙げられています。

　文部科学省の合理的配慮WGは，**学校での合理的配慮**を，「障害のある子どもが，他の子どもと平等に『教育を受ける権利』を享有・行使することを確保するために，学校の設置者及び学校が必要かつ適当な変更・調整を行うことであり，障害のある子どもに対し，その状況に応じて，学校教育を受ける場合に個別に必要とされるもの」と定義し，「学校の設置者及び学校に対して，体制面，財政面において，均衡を失した又は過度の負担を課さないもの」としました。

　知的障害のある子どもに対する合理的配慮は，主には何らかの説明や連絡などの情報を受け取る場面，何らかの活動に参加する場面，および誰かとコミュニケーションをとる場面において，それぞれの子どもの理解に応じた，必要とされる手段をとるということです。これは従来，障害児教育において工夫を積み重ねてきたことですが，今回「障害者差別解消法」に規定されたことで，合理的配慮を求めることは障害のある人たちの権利であり，提供することは社会の責務であるということが明確になりました。

　学校での教育活動は，知的障害のある子どものめざす到達目標を検討することから始まります。本人の興味・関心，もっている力，将来に向けて伸ばしたい力，保護者の意向などと合わせて，教育課程のもとで目標を設定し，それに応じて手立てを考えていきます。授業では，適切な活動の機会が確保されているか，支援環境が整えられているか，授業展開は適切かを評価します。本校の「授業デザインの羅針盤」に沿って授業を構成し，実践を振り返ることは，合理的配慮ができているかどうかの確認になります。

　個々の子どもによって対応が異なるのはもちろんですが，学校においては，保護者との話し合いを経て，合意を形成し，個別の指導計画に反映させていくことが大事です。

外務省「障害者の権利に関する条約」http://www.mofa.go.jp/mofaj/gaiko/jinken/index_shogaisha.html
文部科学省合理的配慮等環境整備検討ワーキンググループ　報告
http://www.mext.go.jp/b_menu/shingi/chukyo/chukyo3/046/houkoku/1316181.htm

| 実践11 | 小学部高学年　日常生活の指導（チャレンジタイム・帰りの会） |

「自分の力で課題や役割に レッツ チャレンジ！」

授業者　**平岡千明・秋山嘉光**

1　授業のねらい

【分かる　目的意識】
・チャレンジ日記などで活動を記録し，自ら報告に行き評価を受けることができる。
【動ける　遂行・活用】
・自分から課題に取り掛かり，最後まで課題に取り組むことができる。
【学び合う　協同】
・帰りの会で，自分の役割を担い，友達同士で発表評価を行うことができる。

　本校小学部では，「帰りの会」までの３０分間を「チャレンジタイム」とし，個々の実態に応じた活動内容に個別学習として取り組んでいる。そのねらいは，児童が活動に見通しや目的意識をもって取り組むこと，準備から片付けまでも含めて自分の力を発揮して遂行すること，友達と関わりながら課題解決に取り組むことである。

　「帰りの会」は，集団の中で役割を担うことや役割を介して児童同士でやり取りすることなど，社会的な技能を身に付ける機会である。「チャレンジ発表」では，チャレンジタイムでがんばったことを振り返り，発表を行うことで，友達から認められ賞賛される経験を積み重ねることができる。それは，周囲の人との関わりを広げ，自己有用感や次の活動への意欲を育む上で重要である。

2　授業の実際

＜児童の実態＞

　本学級は，小学部５，６年生の６名で構成されている。チャレンジ活動の流れを，文字のスケジュール表で理解できる児童から，実物提示で理解する児童まで幅広い実態である。活動の振り返りは，自分でチャレンジ日記に記録する児童から，指導者にシールをもらう児童まで様々であるが，活動後，指導者に報告に行くことは，どの児童も１人で行える。

　「帰りの会」では，どの児童も自分のできる活動を役割として分担し，児童同士で役割の依頼や応答を行うことができている。チャレンジ発表の方法は，言葉で表現する児童からVOCAを使用して表現する児童まで実態差は大きい。

第4章　授業改善の過程：協同から自立をめざす力の育成

＜授業の展開＞

　各自で，スケジュール表を確かめて，チャレンジ活動を行い，チャレンジ日記に記録して指導者に報告する。その後，帰りの会でみんなの前で発表する。年間を通じて繰り返して行うようにした。

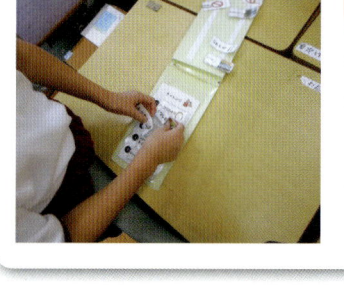

学習活動 1　「チャレンジ活動の確認する」

・スケジュール表を確認して，チャレンジ活動を始める。
・スケジュールの最後は，選択肢の中から，自分がやりたい活動を選択する。
・スケジュール表は，文字，数字カード，写真，実物提示等，児童の理解に応じて用意した。

学習活動 2　「チャレンジ活動をする」

・各自でそれぞれのチャレンジ活動に取り組む。
・チャレンジ活動は，本人や保護者の希望を加味し，児童に応じて「手伝い」「余暇」「運動」「自立活動」から設定した。

> 自分から課題に取り掛かり，よりよく取り組むための工夫 ➡ P.110へ

学習活動 3　「チャレンジ日記を書いて報告する」

・各自でチャレンジ活動を振り返り，やった活動を記録し，指導者に報告し，評価を得る。
・チャレンジ日記は，文で書く，なぞり書き，シール等，児童に応じた書式を用意した。

> 意欲を高めるための評価活動の工夫 ➡ P.112へ

学習活動 4　「帰りの会（チャレンジ発表をする）」

・チャレンジ活動でがんばったことを輪番で発表する。

> 発表内容を分かりやすくする工夫 ➡ P.113へ

3　授業の工夫と改善

学習活動 2　「チャレンジ活動をする」

＜遂行・活用＞自分から課題に取り掛かり，よりよく取り組むための工夫

　各自で手順書や道具を用意し，自分で活動を確認しながら取り組めるようにした。また，児童の動線がスムーズになるように，活動場所が重ならないように配慮した。

ポイント番号⑧

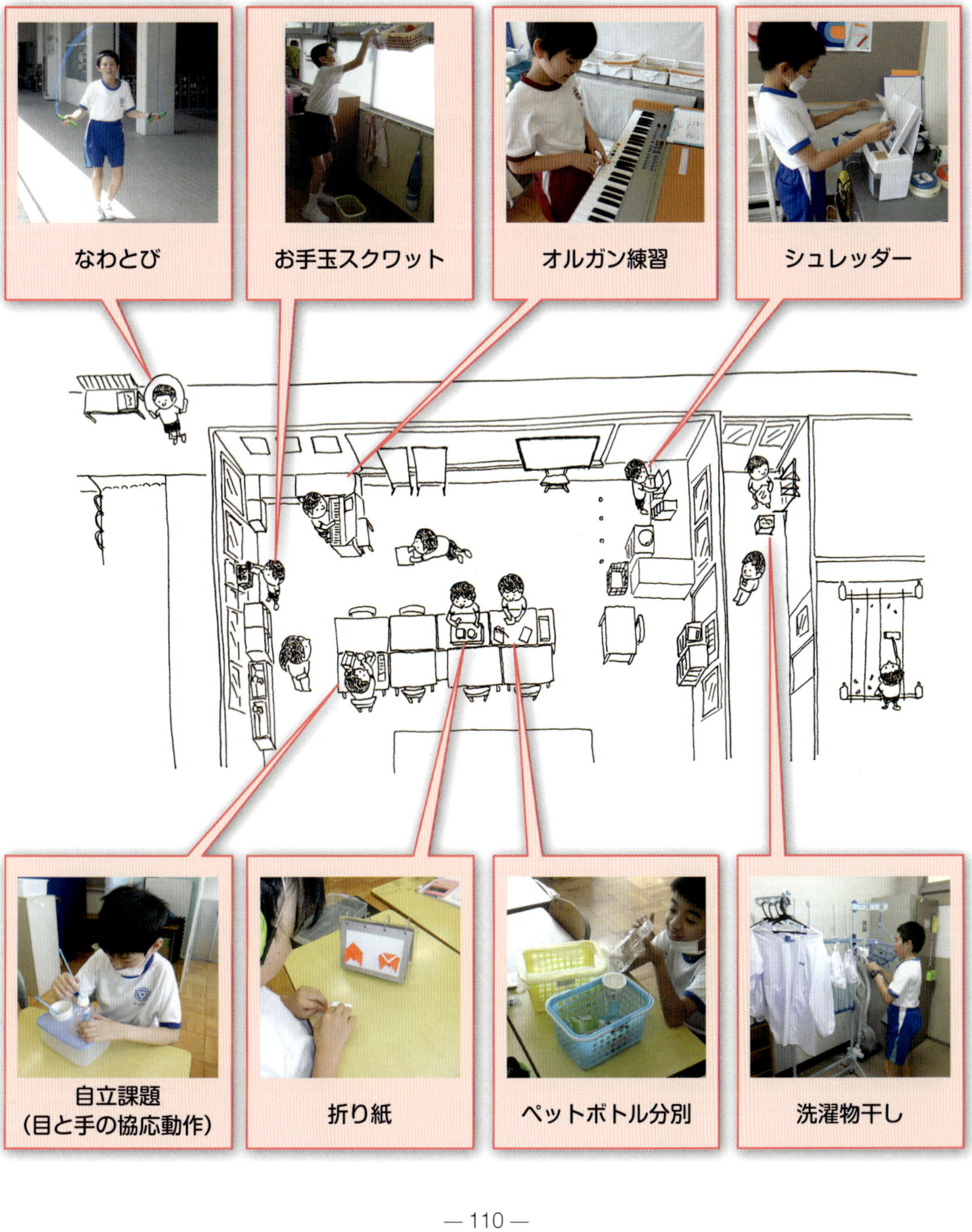

なわとび

お手玉スクワット

オルガン練習

シュレッダー

自立課題
（目と手の協応動作）

折り紙

ペットボトル分別

洗濯物干し

第４章　授業改善の過程：協同から自立をめざす力の育成

スケジュール表

・スケジュールの最後は，活動を選択できるようにした。選択肢の数は児童に応じて変え，ご褒美的な活動として取り組んだ（写真左）。

・棚に課題の教材の実物を並べて置き，上から順番に取って行う（写真右）。**ポイント番号⑫，⑬**

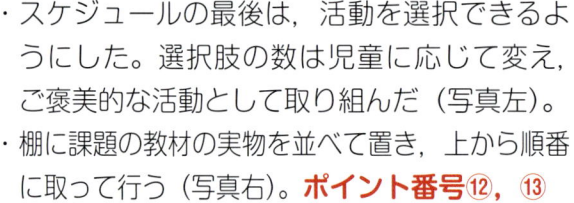
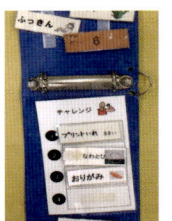

カウント・ジグ

・なわとびでは，５０までの数唱を録音したテープをラジカセで再生しながら跳んだり（写真左），マグネットを外したり（写真右）と数え方を児童に応じて設定した。**ポイント番号⑭**

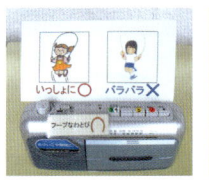
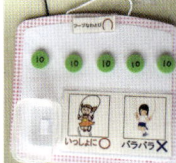

学習活動２「チャレンジ活動をする」における授業改善の経過

＜課題＞

　なわとびやスクワットでは，タイマーで活動の終わりを示していたが，途中で集中が途切れて止まることが多かった。

＜改善策＞

・なわとびでは，１０カウントするごとに記録することで回数を意識しやすくした。前回の回数と比較できるようにして，目標数を意識できるようにした。

・スクワットでは，左右のひねりを加えることで，活動と回数を意識して集中を持続できるようにした。**ポイント番号⑪，⑬，⑭**

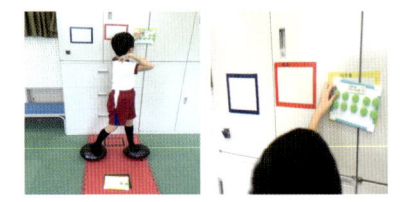

なわとびの記録用紙　　　　　　　　スクワットの改善

　なわとびを飛んだ回数をグラフにすることで，回数を意識できるようになりました。また，単純なスクワットにひねりを加えることで，児童にとって少しだけ難しい課題になり，注意を持続できるようになりました。

＜児童の変容＞

　スケジュール表を使って自分から課題に取り掛かることができるようになった。なわとびやスクワットで回数を自分で記録しながら取り組めるようになり，活動が止まることが少なくなった。

— 111 —

学習活動 3 「チャレンジ日記を書いて報告する」

＜目的意識＞意欲を高めるための評価活動の工夫

　各自でチャレンジ活動を振り返り評価するために，チャレンジ日記にその日のチャレンジ活動の内容を記入し，指導者に評価を求める活動を設定した。

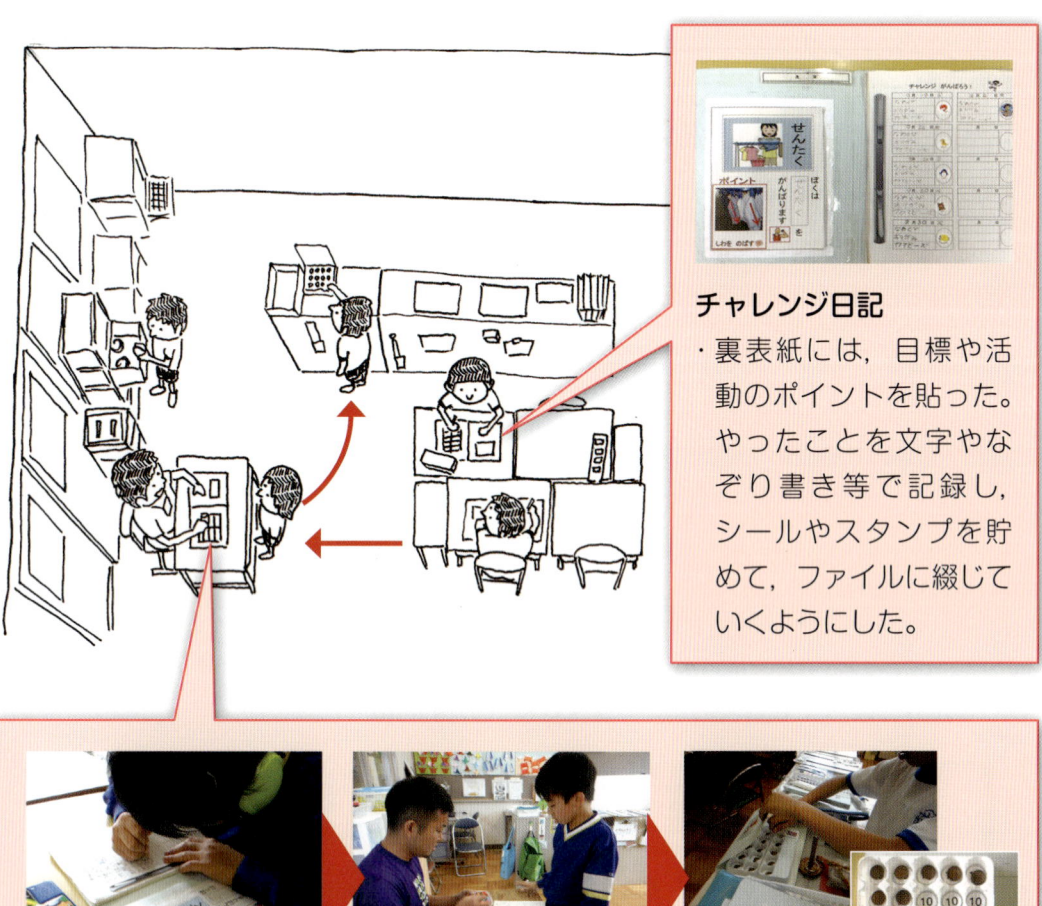

チャレンジ日記

・裏表紙には，目標や活動のポイントを貼った。やったことを文字やなぞり書き等で記録し，シールやスタンプを貯めて，ファイルに綴じていくようにした。

チャレンジ日記を記入する　　指導者のいる報告場所へ行って，報告する　　言葉やシール，小遣いなどで評価，称賛を受ける

・報告場所を決めて机を配置することで，児童自ら報告に行くための手掛かりとした。小遣いは家庭と協力して，財布や貯金箱，仕切り付きの箱など，児童に応じたやり方で貯めるようにした。**ポイント番号⑭，⑲，⑬**

＜児童の変容＞

　どの児童も自分から報告することができるようになった。チャレンジ活動後の小遣いを楽しみできるようになり，「あと〇円」などの発言も見られるようになった。

第4章 授業改善の過程：協同から自立をめざす力の育成

学習活動4 「帰りの会（チャレンジ発表をする）」

＜協同＞発表内容を分かりやすくする工夫

　チャレンジ活動でがんばったことを，輪番（6人中2人）で発表する機会を設けた。チャレンジ活動の様子のビデオ映像で振り返り，がんばったことを発表し，児童同士で評価を行った。**ポイント番号②，③**

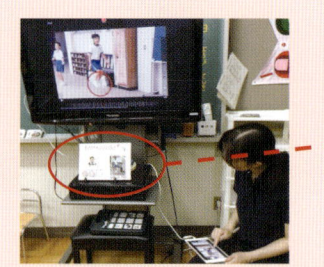 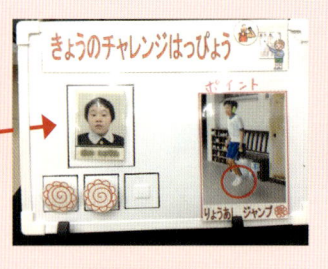

チャレンジ活動の様子のビデオ映像　　　　　発表評価ボード

・発表内容が聞き手の児童に分かるように，その日のチャレンジ活動の様子をビデオに撮って，チャレンジ発表で見せるようにした。発表や評価のポイントを「発表評価ボード」に写真で示した。聞き手の児童は「花丸カード」を発表評価ボードに貼って評価するようにした。**ポイント番号②，③，㉑**

― 113 ―

学習活動4「帰りの会（チャレンジ発表をする）」における授業改善の経過

＜課題＞

　チャレンジ発表では，チャレンジ活動の様子のビデオ映像を見た後に発表を行っていたが，「なわとびがんばりました（発表する児童）」―「がんばりましたね（聞き手の児童）」と形式的なやり取りになっていた。

＜改善策＞

・指導者がチャレンジ活動の評価のポイントを写真で示して注目すべき動きを確認してから，ビデオ映像を見せて発表させるようにした。
・聞き手の児童には，発表する児童を意識できるように，「花丸カード」を発表者に渡して評価するようにさせた。発表する児童は，花丸カードを受け取り，自分で発表評価ボードに貼った。
・次の日は誰が発表なのかが分かるように，「発表順番ボード」を用意した。
ポイント番号㉑，⑪

花丸カードを貼ったところ
評価のポイント

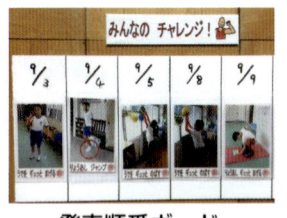

発表順番ボード

　「ひざを曲げる」「両足を高く」など，評価のポイントを視覚的に示すことで，ビデオ映像を意識して見るようになり，発表や評価の質が高まりました。

＜児童の変容＞

　「なわとび，がんばりました」という発表から「両足ジャンプがんばりました」など評価のポイントを意識した発表や評価を行う様子が見られるようになった。

4　まとめ

　チャレンジ活動では，どの児童も個に応じたスケジュール表を活用して，自分から課題に取り組む姿が見られるようになった。活動のポイントや達成基準を具体的に提示することで，集中力が持続して，よりよく取り組もうとする様子も見られるようになっている。

　また，チャレンジ日記を保護者とのやり取りに活用することで，家庭においても手伝いや運動に継続的に取り組むようになってきている。学校や家庭で評価や称賛される機会を積み重ねることが，チャレンジ活動へのやる気につながっている。

合わせた指導，学校設定教科の工夫

坂井　聡

　香川大学教育学部附属特別支援学校では，それぞれの学部で「共動支援計画」に基づいた目標を達成することができるように，指導形態や教科等を工夫している。そこで本コラムでは，合わせた指導形態と学校設定教科での工夫について触れたいと思う。

　教育課程を編成する際に，子どもの実態に応じた指導ができるようにするための工夫をどのようにしていくのかということについては，頭を悩ませるところである。

　小学部では，日常生活の指導に工夫が見られる。日常生活の指導は，生活に必要なスキル等に焦点が当てられるため，指導目標は明確にしやすいが，子どもたち自身がそのことの必要性を意識しにくいという問題がある。そこで，目標を意識しやすくするため，**チャレンジタイム**という指導の場を設けている点に特徴がある。個々の課題を明確にしたうえで，子どもたちが自分の課題に意欲的に取り組みやすくしているということである。

　中学部では，自分の思いや願いを実現するのに必要なコミュニケーションや社会性に焦点を当てた指導として**パワーアップタイム**（各教科等を合わせた指導）を設定し，生徒の興味関心や実態に応じて小グループに分けて学習指導を行っている点に特徴がある。個々のスキルを高めるウォーミングアップタイム，グループ内でのやり取りを中心にしたハッピータイム，そして，自己評価する振り返りタイムというように分けられている点が，工夫されている点である。このように分けることで，指導内容が明確になり，課題も設定しやすくなると同時に，生徒も学習時間に見通しがもちやすくなっているということである。

　高等部では合わせた指導としての日常生活の指導を**ライフスキル**としている。注目したいのは，ソーシャルスキルではなくライフスキルとしている点である。高等部が個々の生徒の実生活に基づいた目標を重視しているということが表れているということである。また，高等部では学校設定教科として**暮らし**という教科を設定している。教科別の指導とすることにより，衣食住に特化した基礎的な内容を繰り返し学習し定着を図ったり，より発展的な内容をグループ別学習で行ったりできるようにしているのである。学習内容は，個々の生徒の課題から導かれているので，ライフスキルや生活単元学習，作業学習等との関連が図られ，学んだことが他の学習でも生かされるようにしているのである。

　このように，教育課程の編成において，どのように子どもの意欲を引き出すのか。身に付けたスキルをどのように生かすのか。共動支援計画に基づく一貫した支援と指導をどのように実施していくのかといった点を，合わせた指導と学校設定教科の工夫によって解決しようとしているのである。

| 実践12 | 中学部　パワーアップタイム |

「みんなで作ろう！～もこもこケーキ～」

授業者　**妹尾恭子・本郷佳子**

1　授業のねらい

【分かる　目的意識】
・自分の役割や相手とのやり取りの方法が分かる。
【動ける　遂行・活用】
・使いたいトッピングを選択して，周囲に伝えることができる。
・ケーキ作りをする中で，必要な話型を用いることができる。
【学び合う　協同】
・自分の役割を意識しながらケーキ作りに取り組むことができる。

　本校中学部では，自分の思いや願いを実現するのに必要なコミュニケーションや社会的な技能を身に付けるための指導として「パワーアップタイム」（各教科等を合わせた指導）を設定し，週1時間取り組んでいる。

　本単元では，自分が食べたい味やトッピングを選択し，表明すること，ケーキ作りで他者とやり取りすることをねらいとする。ケーキ作りは，生徒の興味・関心が高く意欲的に取り組むことができる。また，準備する，作る，食べる，片付けをするという一連の流れがあり，生徒が見通しをもって取り組むことができる。

　活動の中で，生徒同士で声を掛け合ったり，物の受け渡しをしたりすることで，友達を意識するようになる。また，必要な材料や困っていることを相手に伝えることで，ケーキを作って食べるという望みが叶う経験をすることは，課題解決のために自ら他者と関わろうとする態度を養うことにつながると考える。

2　授業の実際

＜生徒の実態＞

　本グループは，中学部1年生から3年生までの計4名で構成されている。自分が希望する物を選択したり，話型シートを見て，自分の思いを伝えたりすることができる。しかし，発音の不明瞭さや声のボリュームの課題等があり，コミュニケーションの実態は様々である。

　相手意識が十分でないため，指導者との関わりが中心となりがちである。また，困っていても自ら援助を求めることが難しく，指導者の手助けを待つことが多い。

第 4 章　授業改善の過程：協同から自立をめざす力の育成

＜授業の展開＞

　1 時間の授業を「ウォーミングアップタイム」「ハッピータイム」「振り返りタイム」で構成した。「ウォーミングアップタイム」では，それぞれのコミュニケーション課題を練習し，「ハッピータイム」では，練習した話型や話し方を，生徒同士でケーキ作りに取り組む中で実行するようにした。「振り返りタイム」では，ワークシートを使って感想を記録し発表するようにした。

学習活動 1　「ウォーミングアップタイム」
今日のめあてを確認して練習する

・本時の活動内容やめあてを確認する。
・それぞれの生徒のめあて（コミュニケーション課題）
　を練習する。
　＊話型を使って要求する。声の大きさに気を付けて
　　話す。
・ケーキのトッピングを選ぶ。
・選んだトッピングを発表する。

> 生徒同士でやり取りしながら
> 授業進行するための工夫 ➡ P.118 へ

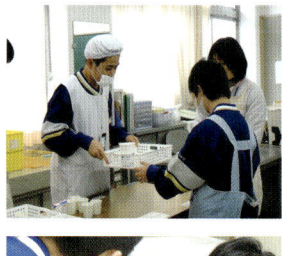
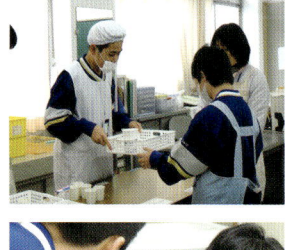

学習活動 2　「ハッピータイム」
材料を準備してケーキを作る

・材料を準備する。
　＊生徒同士で材料の受け渡しをする。
・ケーキを作る。
　＊必要に応じて報告や援助依頼のやり取りを行う。
・片付ける。
・試食する。

> 実際場面でのコミュニケーションを
> 促すための工夫 ➡ P.120 へ

学習活動 3　「振り返りタイム」

・ワークシートに記入する。
・感想を発表する。

— 117 —

3　授業の工夫と改善

学習活動 1　「ウォーミングアップタイム」今日のめあてを確認して練習する

＜協同＞生徒同士でやり取りしながら授業進行するための工夫

　生徒が自ら取り組むことができるように，授業のスケジュールを伝えることや，道具を配る係りを役割として設定した。それぞれのコミュニケーション課題の練習では，携帯情報端末のアプリや話型カードを利用した。

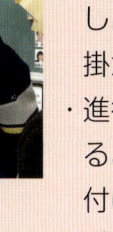

パソコンを操作して，本時のめあての発表や
司会進行を行う

・テレビモニタに台詞を映し出して，司会進行の手掛かりとした。
・進行のタイミングが分かるように画面上に目印を付けた。
ポイント番号⑫

ウォーミングアップタイムで行うコミュニケーション課題

携帯情報端末のVOCA機能
を使って要求や援助依頼

アプリで声の大きさを確かめ
ながら話型の練習

ビデオ映像による手本を
見ながら話型の練習

第４章　授業改善の過程：協同から自立をめざす力の育成

学習活動１「ウォーミングアップタイム」における授業改善の経過

<課題>

　ケーキのトッピングを選択する場面は，指導者が進行していたため，生徒の活動量が少なかった。生徒同士は，互いの声が小さく，発音が不明瞭であるため，友達の声が聞き取りにくく，相手意識がもてず，コミュニケーションが成立していなかった。

<改善策>

・ウォーミングアップタイムの司会を生徒の役割とした。
・司会の生徒が一方的に話して終わりにならないように，トッピング選択用の「話型カード」の受け渡しや，聞き手の生徒が応答する場面を設けた。
・選んだトッピングを大きな声で発表できるように，携帯情報端末に録音しておいた声を聞きながら話すようにした。

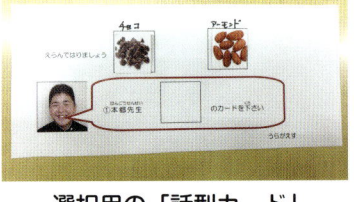

選択用の「話型カード」の
受け渡し場面

・「話型カード」には，トッピングの選択肢と「〇〇先生，△をください」の話型を示した。選んだトッピングを指導者に伝え，トッピングのカードを受け取ったら，「話型カード」の空欄に貼るようにした。
・「話型カード」の裏には「ありがとうございました」と書いてあり，指導者が指さしてお礼のやり取りを促すようにした。

ポイント番号①，②，⑫

選択用の「話型カード」

　「話型カード」の受け渡しを設定することで，「どうぞ」「ありがとう」などの言葉のやり取りが行いやすくなりました。

<生徒の変容>

　司会や話型カードを配る役割を生徒に任せたことで，生徒同士のやり取り機会が設定しやすくなり，自然なやり取りが増えた。携帯情報端末のＶＯＣＡ機能を使うことで，選択した物を相手に伝わるように発表することができるようになり，聞き手の生徒にも，聞こうとする態度が育ってきた。

学習活動 2 「ハッピータイム」材料を準備してケーキを作る

＜遂行・活用＞実際場面でのコミュニケーションを促すための工夫

　ウォーミングアップタイムで練習したことを生かしてケーキ作りを行った。生徒同士での材料を受け渡しや，指導者に援助依頼をするコミュニケーション場面を設定し，やり取りのための視覚的な手掛かりを用意した。

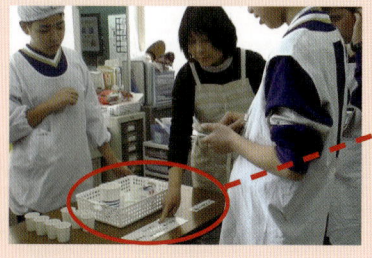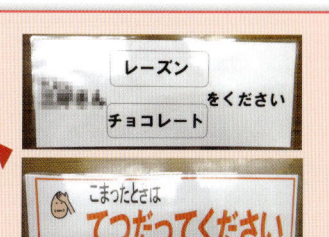

生徒同士で材料のやり取りをする

・材料の受け渡しや，援助依頼に必要な話型を確認できるように，机上に受け渡し用，援助依頼用の「話型カード」を貼った。生徒がやり取りに困ったときは，指導者が話型カードを指さして支援するようにした。**ポイント番号⑫，⑰**

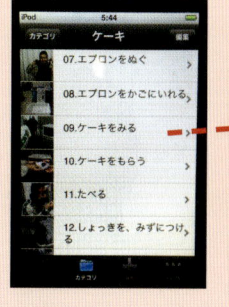

携帯情報端末アプリのケーキ作り手順書

・作り方の手順を携帯情報端末のアプリで示し，自分で確かめながら取り組めるようにした。

・画面をタッチすると写真が拡大表示され，音声が出力されるようにした。

・携帯情報端末を首から下げたり，ポケットに携帯したりして，すぐに取り出して確認できるようにした。**ポイント番号⑫**

— 120 —

第4章　授業改善の過程：協同から自立をめざす力の育成

学習活動２「ハッピータイム」における授業改善の経過

> **＜課題＞**
>
> 　困っていても自分から支援を求めることはなく，行動が止まってしまっていた。また，指導者の援助が早いため，生徒の自発的な行動や発言が少なくなっていた。

> **＜改善策＞**
>
> ・生徒がコミュニケーション課題を意識したやり取りができたとき，指導者が即時に評価し，生徒が携帯する携帯情報端末の裏のがんばりカードにシールを貼るようにした。貼ったシールは学習活動３の「振り返りタイム」で数を数えてワークシートに記録して評価に用いた。
> ・材料の受け渡し場面では，２名の指導者が，材料を渡す生徒と，受け取る生徒とにそれぞれ分担して指導に当たり，材料を受け渡すタイミングで，話型カードを指差し，生徒同士のやり取りの言葉を引き出すようにした。
> **ポイント番号 ⑫，㉑，㉒**

携帯情報端末の裏の
がんばりカード

　最初は，１名の指導者が補助していましたが，必要な視覚的な手掛かりを用意した上で，指導者が二手に分かれてタイミングよく援助を行うことで，生徒の自発的なコミュニケーションを引き出すことができました。

＜生徒の変容＞

　話型カードを見ながら「これでいいですか」と確認したり，「手伝ってください」と援助を求めたりすることが増えてきた。相手に伝わるように「〜ください」の要求ができるようになった。それに伴い，友達が選択したトッピングを正確に聞き取り，必要な材料を友達に渡すことができるようになった。

4　まとめ

　要求や援助依頼のやり取りについて，個別で練習した後に，実際場面で活用し，めあての振り返りを行うことで，生徒の課題への意識を高めることができた。生徒同士でのやり取りを促すには，話型カードや携帯情報端末のアプリなど視覚的な手掛かりの工夫と，指導者の直接的な援助のタイミングが重要であった。

— 121 —

実践 13　高等部　ライフスキル

「ライフスキル〜将来に向けてできることを増やそう〜」

授業者　**吉川順子・合田卓生・多田　守・今村明美・長谷有希子**

1　授業のねらい

【分かる　目的意識】
・時間を考慮した清掃計画を立てたり，自分のやりたい活動を考えたりすることができる。
【動ける　遂行・活用】
・担当場所の清掃の仕方を覚え，終了時間を意識して取り組むことができる。
【学び合う　協同】
・友達と協力して清掃に取り組むことができる。

　本校高等部では，1校時を「ライフスキル」とし，各教科等を合わせた指導としている。そのねらいは，将来の自己実現をめざして，個別の指導計画に挙げられた課題を継続的に実践して知識や技能を身に付けることである。活動は，前半に清掃，後半に個別の課題で構成されている。

　清掃では，汚れに応じて清掃項目を選択したり，準備を工夫したりすることで，限られた時間の中でやり繰りを行う。時間を意識して活動を組み立てることや，職場を想定した清掃用具の扱いを習得することをねらいとする。

　個別の課題では，個別の指導計画や本人の希望に基づいた活動にそれぞれで取り組む。将来必要な知識・技能や，卒業後の余暇につなげることを意図している。活動内容には，調理や漢字検定，普通免許取得のための学習などがある。

2　授業の実際

＜生徒の実態＞

　本グループの生徒は，高等部1年生から3年生までの計13名で構成されている。卒業後は一般就労や就労移行支援をめざしており，将来的には一人暮らしやグループホームで生活することを視野に入れている。

　清掃方法や用具の扱いは，自分で考えてできる生徒から，手順表が必要な生徒，指導者の言葉掛けが必要な生徒まで実態は様々である。時間については，時計を見なくてもおおよその時間で活動ができる生徒もいれば，時計を見ても残り時間を理解することが難しい生徒もいる。

　また，個別の課題を指導者と一緒に考える際に，自分の将来に必要なことを考えることができる生徒から，身近な分かりやすいことを目標にして取り組む生徒まで差は大きい。

第4章　授業改善の過程：協同から自立をめざす力の育成

＜授業の展開＞

　清掃開始時に，汚れやごみの量を確認し，時間や優先順位を考えて清掃計画を立てるようにした。計画に基づいて清掃を行い，項目にチェックをして自己評価を行い，指導者に報告するという流れを設定した。清掃後は，時間をやり繰りして，本人のやりたいことを取り入れた個別の課題に取り組むようにした。

清掃開始　9：40

学習活動1　「担当場所を清掃する」

・廊下や教室，更衣室，トイレなどを，1人か二人一組になって清掃する。主な清掃内容は，掃き掃除，モップ掛け，掃除機掛けである。

①その日の清掃場所の状態(汚れやごみの量など)を確認する。
②優先順位や活動時間を考えて清掃計画を立てる。
　＊その日に行わない清掃項目には斜線を引く。
　＊計画を担当の指導者に報告して，指摘に応じて計画を修正する。
③必要な清掃道具を準備して清掃を行う。
　＊時間をチェックして，時間内に終えるように項目を変更して行う。
④清掃結果をチェック表で評価し指導者に報告する。
　＊担当の指導者の評価を受けて評価を修正する。
　＊清掃終了時刻までに指導者に報告する。
⑤清掃道具の片付けをする。

清掃終了　10：00

> 時間や優先順位を考えて
> 取り組むための工夫 ➡ P.124 へ

個別の活動終了　10：25

学習活動2　「個別の課題をする」

・担当場所の清掃が終わり次第，個別の活動を開始する。
＊活動内容例：身だしなみ，調理，検定，パソコン等である。

> 自分で調べたり，結果を確かめたり
> するための工夫 ➡ P.126 へ

学習活動3　「報告し解散する」

・終了時刻が近づいたら，各自で報告し指導者から評価を求める。
・各活動場所の片付けをして教室に戻る。

— 123 —

3 授業の工夫と改善

学習活動 1 「担当場所を清掃する」

＜遂行・活用＞時間や優先順位を考えて取り組むための工夫

　時間や優先順位を判断して活動の計画を立てるために「清掃チェック表」や「清掃のポイントカード」を工夫した。

清掃チェック表

・清掃項目をチェックしながら自分で確認して掃除に取り組めるようにした。

・チェック表には，重点清掃項目を明記し，生徒が時間配分や優先順位を考えて清掃項目を決める参考になるようにした。

ポイント番号⑫，⑭

・時計やタイマーを準備しておくことで，残り時間を確認しながら取り組めるようにした。**ポイント番号⑨**

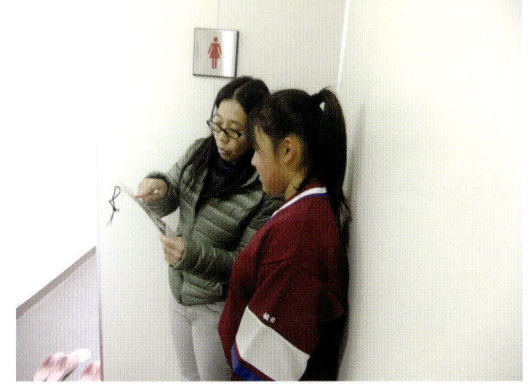

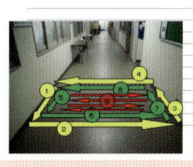

清掃ポイントカード

・清掃のうち，道具の扱い方や清掃手順のポイントや注意点を示したカードを用意し，携帯できるようにした。

ポイント番号⑬

— 124 —

第4章　授業改善の過程：協同から自立をめざす力の育成

学習活動1「担当場所を清掃する」における授業改善の経過

＜課題＞

　時計を見て活動する習慣があまりなかったり，時計がすぐ見られる所になかったりして，時刻や残り時間を意識して動くことが難しい生徒がいた。清掃チェック表を確認して清掃することはできたが，全ての項目に取り組むだけの時間がなく，残り時間を考えて清掃項目を選択することが難しい生徒がいた。

＜改善策＞

・清掃場所に常に時刻を確認できるように時計を設置した。
・清掃チェック表に時刻を書く項目を設けることで，活動の開始と終了を確認するとともに，時間の使い方を意識するようにさせた。
・清掃チェック表は職場を想定して清掃項目ごとにチェックを入れる形式にした。
ポイント番号⑭

・清掃ポイントカードに清掃項目の優先順位や項目ごとの達成基準，目安となる所要予想時間を示すことで清掃計画を自分で立てられるようにした。
・清掃項目を考えるときに，指導者と相談して決めていきながら，少しずつ自分で優先順位を考えるようにさせた。
ポイント番号⑳

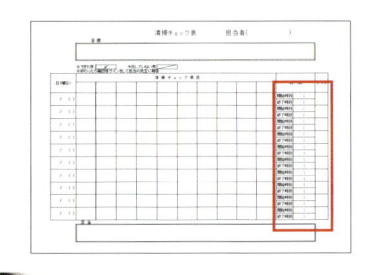

**清掃チェック表で時間の
チェックをしている様子**

項目	トイレットペーパー	ごみ捨て	便器
所要予測時間	確認：2〜3分 5〜7分	確認：2〜3分 6〜15分	5〜10分
達成基準	・女子トイレに3個，身障者トイレに1個以上	・三角コーナー1/3もしくは，ごみ箱1/2以上	・こすってきれいになる汚れはないか

＊基本的に　毎日　便器の内側と便座部分の掃除は毎回行う。

清掃項目の所要予測時間

　開始と終了時刻を自分で記入できるように工夫したこと，清掃項目ごとの所要予測時間を示すことにより，時間内に活動を終えようとする意識が高まり，活動を順序立てて計画する力が身に付きました。

＜生徒の変容＞

　時間を考慮しながら清掃計画を立て，それに基づいて活動に取り組む，という流れがスムーズになり，その後の時間に遅れる生徒が少なくなった。清掃の途中にも時計を見て時間を確認する行動が見られるようになった。

学習活動2 「個別の課題をする」

＜遂行・活用＞自分で調べたり，結果を確かめたりするための工夫

　調理や漢字検定，普通自動車免許の学習では，卒業後も続けられるように，分かりやすい市販の本を用意した。

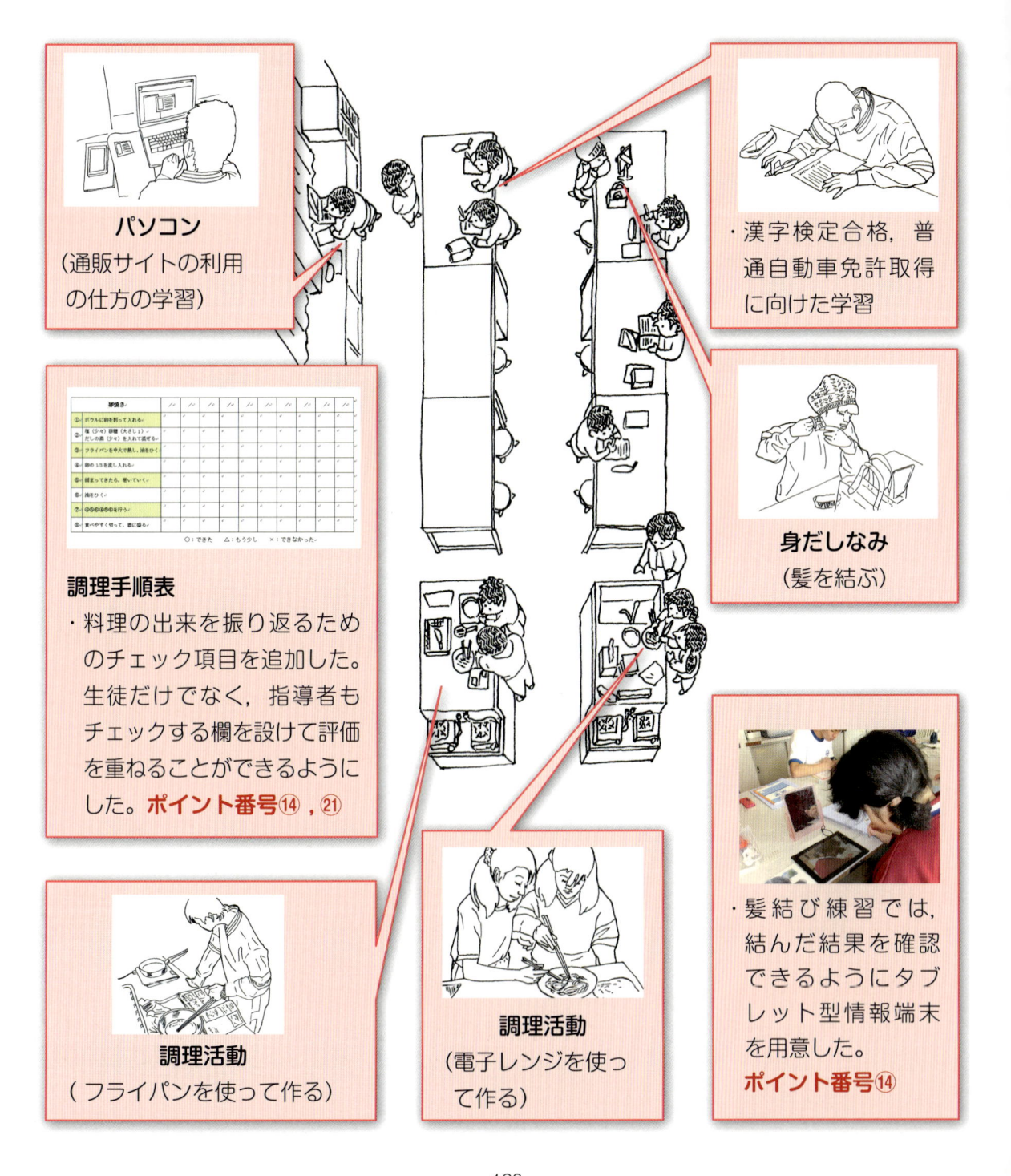

パソコン
（通販サイトの利用
の仕方の学習）

調理手順表
・料理の出来を振り返るため
　のチェック項目を追加した。
　生徒だけでなく，指導者も
　チェックする欄を設けて評価
　を重ねることができるように
　した。**ポイント番号⑭，㉑**

調理活動
（フライパンを使って作る）

調理活動
（電子レンジを使っ
て作る）

・漢字検定合格，普
　通自動車免許取得
　に向けた学習

身だしなみ
（髪を結ぶ）

・髪結び練習では，
　結んだ結果を確認
　できるようにタブ
　レット型情報端末
　を用意した。
ポイント番号⑭

— 126 —

第４章　授業改善の過程：協同から自立をめざす力の育成

学習活動３「個別の課題をする」における授業改善の経過

<課題>

　自分の髪を結ぶ練習をしていたが，鏡を使って髪を結んだ様子を確認しようとしても，うまく結ぶことができなかった。

　漢字検定や普通自動車免許の問題で，分からない漢字などがあるときに，自分で調べずに指導者に質問することが多かった。

<改善策>

・髪を結んだ結果をタブレット型情報端末で撮影した。見本となる写真を準備して，その写真と比較して確認できるようにした。

・髪をまとめて持つことと，ゴムを動かして結ぶことを意識できるように，太さが５mm程度のなわとびのなわを使って，髪結び練習教材を作成した。

髪結び用教材

・国語辞典や携帯電話，タブレット型情報端末を使って自分で調べて解答するようにした。

・読みが分からない漢字もタブレット型情報端末の画面に漢字を書くことで，その漢字の読みが表記されるアプリを使った。

ポイント番号⑮，⑫

携帯電話を使って
漢字を調べる

　自分で課題の仕上がり具合を判断したり，分からないことを調べたりできるように支援ツールに工夫することが大切でした。

<生徒の変容>

　自分で髪を結ぶことが上手くなってきた。母親による仕上げがまだ必要であるが，朝，家で登校準備をするときにも自分で結ぶことが増えてきている。

　携帯電話などを使って問題解決をするようにしたことで，自分で学習を進めていく習慣が身に付き，自分で解決しようとする姿勢が見られるようになった。

4　まとめ

　各清掃場所に時計を配置し，清掃チェック表に開始終了時刻を記入するようにしたこと，清掃内容の所要時間を目安として提示したことなどの工夫により，時間を意識した清掃に変わってきた。また，他の場面でも，時計を見ることが増え，時間を意識して行動する生徒が増えた。個別の課題でも個に応じた課題設定と支援環境の工夫により，家庭でも生かせる力に結び付いてきた。

自ら取り組み，達成を喜び，肯定感を育てる

武藏博文

本校の授業では，児童生徒が自ら学びに取り組み，協同して成果を得ることを大事にしてきた。それを実現するにはいくつもの仕掛けが必要となる。

自ら取り組む

まず，課題を遂行するレベルを検討する。最初は，児童生徒のできそうなことから始めて，しっかりと身に付け定着させる。徐々に課題の難度と耐性を上げ，児童生徒が注意を続け，集中を切らさないようにする。同じことをただ繰り返すと，馴れが生じて形だけのふるまいになってしまう。課題が難しく容易に行えないときは，児童生徒から援助を求めさせ，その上でやり遂げるように促す。何を困っているのか，どのようにしてほしいのかを説明させ，周囲からのアドバイスを受け入れて取り組むようにさせる。

課題への動機付けを高めることも大切である。最初は，課題内容そのものをおもしろく楽しいものにする。このとき，児童生徒により興味・関心のもち方に違いがある。その違いを分かることが大事である。取り組んだことを大いに褒めたり，シールなどのご褒美を与えたりする。目に見える形で結果を残し評価することである。さらに，初めてのこと，難しいことにも取り組むように勇気付ける。無理に頑張らせるのではない。児童生徒の思いや願いに気づき，それを児童生徒が実行に移す瞬間を逃さずに後押しするのである。

肯定感を育てる

学校での活動や授業の中で，児童生徒に合った機会や役割を設定する。児童生徒にできる役目や係りを作り，それを果たすことの意味と責任，活動全体とのつながりを前向きに示す。児童生徒がそれることなく取り組むように励まし，活動の中で自分の役割をしっかりと果すことを身に付けさせる。児童生徒がやる気になったとき，行えるように準備を整えておくことも必要になる。年長となれば，自分で準備・段取りをして取り組み，片付けて報告するまでを行う。特定の場面や活動を越えて，児童生徒が自分から様々な役割を買って出て果たすように計画させ実行させるのである。

自分の行ったことを適切に自己評価することも重要である。そのためには，指導者に報告し褒めてもらう過程で，自分で記録し自己評価することを学ぶ。活動を振り返って友達の前で発表する際に，周囲の評価を受けて自己評価に重ねる。加えて，友達の発表を聞き，それを共感的に評価しながら，友達の行動に学んで取り入れる。このようにして，行ったか否かだけでなく，課題の難度や評価のポイント，協同相手，所要時間などを考慮して，自己評価の質を高めるのである。

あとがき

　「積み重ねること」「続けること」，この言葉は，私が本校の子どもたちの姿から学んだ言葉です。よく耳にする当たり前のような言葉ですが，いざ実行してみるとなかなか難しいものです。しかし，この積み重ね・継続こそ，自立し社会の中で自分らしさを発揮し，しなやかに生きていく基となるのではないでしょうか。特別支援教育になり，早くも９年が経過しました。私たちは，平成１９年度より教育的ニーズのある子どもたちが，自ら学び続け自分らしさを発揮することを願い，本人の「WANTS(本人が抱いている思いや願い)」に視点を当てて，WANTS の実現に向けた支援の在り方について研究を重ねてきました。この研究を通して分かったことは，子どもが様々な支援を手掛かりに自らの意思でWANTS を獲得していけるようにしていくこと，そのためには，学校教育の中心である「授業」への参加を高めることが必要であるということです。小学部から高等部まで，また個人によって WANTS の内容や段階は異なりますが，実現のために整った環境の中で，しっかり自分の力を発揮しながら繰り返し学べる場である「授業」こそ指導者である私たちが，一番力を注いでいかなければならないということを改めて考えさせられました。「分かって」・「動けて」・「学び合う」，この３つの視点を常に念頭に，日々子どもたちと共に実践を重ねてきました。

　本書では，私たちがこれまで研究してきた参加を高めるための「授業づくり」について紹介しました。授業改善のための具体的な手順やポイントを整理し，指導者全員が共通の視点をもって授業をデザインしてきたものです。どのようにすれば子どもが目的意識をもって，授業への参加を高めることができるのか？　また，どのように環境を整えておけばよいのか？　そして，個々の子どもにどんな必要な支援を用意すればよいのか？　など，少しでも支援の手掛かりになればという願いを込めて編集しました。私たちが「授業づくり」に取り組み始めて，一人一人の子どもの姿が変わり，子どもたち同士の結び付きが強くなりました。ポジティブな人間関係が質的に変化していく様子を何度も実感しました。「積み重ねてきたこと」「続けてきたこと」を，自分の持ち味として，社会参加してくれるものと期待しています。

　若年の先生方，初めて特別支援学級を担任される先生方にはもちろんのこと，通常の学級を担任される先生方にも，ぜひご一読いただき，これからの実践の一助となれば幸いです。

　最後になりましたが，本書の出版に当たり，これまで本校の授業及び実践研究に継続してご指導・ご助言，ご執筆いただいた創価大学教授　藤原義博先生，また，香川大学教育学部特別支援教育講座の各先生方，そして，何より子どもたちの成長を共に支え支援してくださっている保護者の皆様方に敬意を表し，厚く感謝を申し上げます。

香川大学教育学部附属特別支援学校副校長　伊藤　宏美

執筆者一覧

監 修

藤原　義博　（創価大学教授）
武藏　博文　（香川大学教育学部附属特別支援学校長・香川大学教授）

研究同人

＜平成 26 年度＞

伊藤　宏美	合田　卓生	松本　美加	有家由佳子	妹尾　恭子
高木　真澄	詫間　克久	松本美智子	中野　広司	宮武ちか子
川田　真司	細川　典子	多田　守	福家　美香	今村　明美
榎並　浩	徳永千恵子	山内　雅子	青井　香織	三浦恵美子
滝澤　健	秋山　嘉光	塩田　友亮	髙原　淳一	丸橋　順子
平岡　千明	長谷有希子	植村　伊裕	田中　伸弥	

＜平成 25 年度転出＞

尾崎　仁美	前川　信起	本郷　佳子	濱田　育代	吉川　順子

＜平成 24 年度転出＞

大西　祥弘	前田　美帆	西部　良二	沼野　生幸	高木　俊彦

＜平成 23 年度転出＞

武田　光弘	永井　均	森　正人	近藤　邦子	奈良　早苗

＜平成 22 年度転出＞

佐藤　明宏（香川大学）	木下　博美	西山　幸子	馬場　広充
柳生　豪英	荒井　桂子		

編 集

滝澤　健

イラスト

秋山　嘉光　森　正人

コラム執筆

香川大学教育学部特別支援教育講座
惠羅　修吉　西田　智子　坂井　聡　小方　朋子　武藏　博文

（所属・職名は平成 26 年度）

特別支援教育のための
分かって動けて学び合う授業デザイン

平成 28 年 1 月 21 日　第 1 版第 1 刷発行

■ 監　　修　藤原　義博・武藏　博文
■ 編　　著　香川大学教育学部附属特別支援学校
■ 発 行 人　加藤　勝博
■ 発 行 所　株式会社ジアース教育新社
　　　　　　〒 101-0054　東京都千代田区神田錦町 1-23　宗保第 2 ビル
　　　　　　TEL：03-5282-7183　FAX：03-5282-7892
　　　　　　E-mail：info@kyoikushinsha.co.jp
　　　　　　URL：http//www.kyoikushinsha.co.jp/

表紙デザイン・DTP　株式会社彩流工房
印刷・製本　シナノ印刷株式会社

Printed in Japan
ISBN978-4-86371-344-4

○定価はカバーに表示してあります。
○乱丁・落丁はお取り替えいたします。（禁無断転載）